集人文社科之思　刊专业学术之声

集 刊 名：文化与传播研究
主办单位：湖北大学新闻传播学院
主　　编：聂远征
执行主编：廖声武　罗宜虹

RESEARCH ON CULTURE AND COMMUNICATION Vol.3

特邀编委（以姓氏拼音为序）

邓绍根	中国人民大学	王灿发	中国传媒大学
董天策	重庆大学	王润泽	中国人民大学
何　晶	中国社会科学院大学	辛　欣	［英］威斯敏斯特大学
洪浚浩	［美］布法罗纽约州立大学	严三九	上海大学
郭镇之	清华大学	张　昆	华中科技大学
李喜根	上海大学	张志安	复旦大学
强月新	武汉大学	章戈浩	澳门科技大学
单　波	武汉大学	周葆华	复旦大学
孙有中	北京外国语大学		

编辑部成员（以姓氏拼音为序）

柴巧霞　黎　明　廖声武　刘宝珍　刘　晗　芦何秋　罗宜虹　聂远征
杨翠芳　张　帆

投稿邮箱

68833300@qq.com

总第3辑

集刊序列号：PIJ-2017-196
中国集刊网：www.jikan.com.cn/ 文化与传播研究
集刊投约稿平台：www.iedol.cn

集刊全文数据库（www.jikan.com.cn）收录
湖北大学新闻传播学院　主办

文化与传播研究

RESEARCH ON
CULTURE AND COMMUNICATION Vol.3

聂远征　主　编
廖声武　罗宜虹　执行主编

总第 3 辑

社会科学文献出版社
SOCIAL SCIENCES ACADEMIC PRESS (CHINA)

文化与传播研究

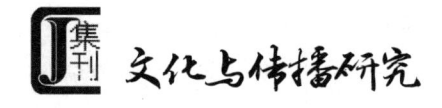

(总第3辑)
2025年1月出版

· 舆论学研究 ·

中国特色新闻舆论学的科学性建构路径 …………………………… 王灿发 / 1
全球化、区域性与现代化：时代大变局下中国新闻舆论史学探索
………………………………………………………………………… 王天根 / 7

· 国际传播研究 ·

内外联动：两个"共同体"视域下的边疆对外传播
…………………………………………………………… 刘晓程　申　琪 / 18

· 媒介文化研究 ·

论情感治理视域下的媒介化心理援助 …………………… 郭小平　万晶晶 / 27
媒体分类视角下体育事件中的情绪样态和治理特征
——以东京奥运会中国女排微博舆论场为例
…………………………………………………………… 张　帆　刘志杰 / 38
奥运宣传片中的全球文化景观变迁研究（2008—2024）
…………………………………………………………… 胡　洁　王晓曼 / 58
青年亚文化视域下表情包的传播现象研究
——以 Loopy 系列表情包为例 ………………………… 何　爽　张晓彤 / 71

· 新媒体传播研究 ·

用更智能的方法因应智能传播 …………………………………… 李建新 / 83

数字出版时代优质有声产品的制作与运营路径
——以喜马拉雅FM"类星体剧场"为例 ……… 杨翠芳　张伊倩 / 94

青少年的网络使用与风险应对：家庭互动作为一种研究方法
　　…………………………………………………… 柴巧霞 / 107

理解"社恐"：Z世代青年社交困境的媒介成因与行为疏导
　　………………………………………… 刘　晗　吴欣盈 / 115

助农综艺节目《种地吧》的创新策略分析 ……… 张　萱　王晨希 / 127

多重触达：互联网营销时代下品牌KOS种草模式
——基于卓越公关的视角 ……………… 罗宜虹　王　越 / 135

·新闻传播教育研究·

五位一体：产教融合下的创新型人才教学体系创新
　　………………………………………… 黎　明　陈江薇 / 142

·会议综述·

湖北大学新闻传播学院办学35周年纪念暨学科发展研讨会综述
　　…………………………………………………… 刘伊萌 / 149

中国近现代新闻团体与社会治理研究学术研讨会综述 …… 余传友 / 153

Abstracts …………………………………………………… / 158

《文化与传播研究》征稿启事 ……………………………… / 168

·舆论学研究·

中国特色新闻舆论学的科学性建构路径*

王灿发**

摘　要　习近平关于新闻舆论工作的重要论述引领中国特色新闻舆论学理论建构。习近平关于新闻舆论工作的重要论述遵循辩证唯物主义、历史唯物主义的世界观和方法论，将马克思主义基本原理与当下中国新闻舆论工作实践紧密结合，继承和发扬了中国共产党新闻舆论工作的优良传统，系统、科学阐述了新闻舆论工作的基本原理和运行规律，阐明了党领导的中国特色社会主义新闻舆论工作的职责使命，并为中国特色新闻舆论学理论建构提供了丰富的思想资源和科学的世界观和方法论，拓展了中国特色新闻舆论学的学科体系、话语体系和学术体系，为中国特色新闻舆论学的科学性建构指明了方向。

关键词　新闻舆论工作　习近平关于新闻舆论工作的重要论述　中国特色新闻舆论学

一　中国特色新闻舆论学要坚持党性与人民性相统一

中国特色新闻舆论学的科学性建构要坚持党性与人民性相统一，这是对中国特色新闻舆论学"为谁服务"这一根本性问题的科学解答。习近平指出，"只有坚持党性原则，坚持以人民为中心的工作导向，才能确保新闻

---

* 本文系国家社科基金重大项目"健全重大突发事件舆论引导机制与提升中国国际话语权研究"（20&ZD320）阶段性研究成果。
** 王灿发，中国传媒大学新闻学院教授、博士生导师，北京市习近平新时代中国特色社会主义思想研究中心特约研究员。

媒体始终为人民服务，而不是为少数人服务"，① "要树立以人民为中心的工作导向，把服务群众同教育引导群众结合起来，把满足需求同提高素养结合起来，多宣传报道人民群众的伟大奋斗和火热生活，多宣传报道人民群众中涌现出来的先进典型和感人事迹，丰富人民精神世界，增强人民精神力量，满足人民精神需求"。② 中国特色新闻舆论学理论发展要锚定党性和人民性相统一的建构方向，在理论构建中坚持党性原则，提高政治站位，坚定贯彻党的理论和路线方针政策，同时，在深入生活、扎根人民中进行无愧于人民的理论构建，不能以理论的抽象演化代替人民的感受，而是要以反映人民需求为基础不断进行感性认识的积累。特别要强化研究党的新闻舆论工作的历史过程，在党的一百多年的新闻实践历史过程中深描人民性，为新时代新闻舆论的人民立场提供经验参照和历史镜鉴；同时立足当下，提高理论的针对性，真实而广泛地反映人民群众的工作和生活，推动中国特色新闻舆论学的学理性研究和应用性阐释，关心人民群众急难愁盼问题，以人民群众喜闻乐见的理念、内容、体裁、形式表述新问题，使新闻舆论理论研究更好地服务人民，增强理论生命力。

二　中国特色新闻舆论学要遵循新闻舆论实践的科学规律

中国特色新闻舆论学的科学性建构要遵循新闻舆论实践的科学规律。中国特色新闻舆论学理论应发挥高度的理论自觉和主动的实践自觉，立足于全面建设社会主义现代化国家的伟大实践，立足于对中国新闻舆论事业发展规律的探索，加强对新闻舆论、信息传播相关学说和理论思潮的辨析和解疑释惑。

首先，中国特色新闻舆论学要坚持继承性与创新性的辩证统一，彰显理论发展的守正创新。"做好党的新闻舆论工作，事关旗帜和道路，事关贯彻落实党的理论和路线方针政策，事关顺利推进党和国家各项事业，事关

---

① 习近平：《坚持党的新闻舆论工作的正确政治方向》，载中共中央党史和文献研究院编《十八大以来重要文献选编》（下），中央文献出版社，2018，第213页。
② 《习近平谈治国理政》，外文出版社，2014，第154页。

全党全国各族人民凝聚力和向心力，事关党和国家前途命运"。① 习近平提出要"把马克思主义新闻观作为党的新闻舆论工作的'定盘星'"。② 中国特色新闻舆论学理论建构要以马克思主义为指导，继承和发展马克思主义新闻观，系统学习、研究、领会马克思主义经典作家的新闻思想以及中国共产党新民主主义革命时期、社会主义革命和建设时期、改革开放时期、中国特色社会主义新时代新闻舆论工作的实践经验；在数字化、智能化、网络化的传播环境中，中国特色新闻舆论学理论建构要坚守党的新闻舆论工作的职责和使命，坚持党性与人民性相统一，坚持新闻事业为社会主义服务、为人民服务的基本方针，坚持舆论监督和正面宣传相统一、内宣与外宣统筹兼顾等理论传统。习近平在党的新闻舆论工作座谈会上的讲话中提出："随着形势发展，党的新闻舆论工作必须创新理念、内容、体裁、形式、方法、手段、业态、体制、机制，增强针对性和实效性。"③ 中国特色新闻舆论学理论的科学性建构要呼应时代，把握好政治立场，在继承传统的基础上不断创新。中国特色新闻舆论学科学性建构需要放置于数字化、智能化、网络化的传播环境中，从推进全面建成社会主义现代化强国和推动构建人类命运共同体等时代主题出发，主动思考中国式现代化进程中关于意识形态工作、全媒体传播体系建设、主流舆论新格局、网络生态治理、国际传播能力建设等时代命题，敏锐分析新闻舆论生态变化和受众主体的情态波动，不断着力研究网络传播规律、媒体融合规律和新兴媒体发展规律，为中国特色新闻舆论学理论建构提供新的学术理念和话语表述范畴，创中国特色新闻舆论学理论之"新"。

其次，中国特色新闻舆论学要以现实问题为导向，增强理论探索的科学性。中国特色新闻舆论学建构要以事物矛盾为发展动力，而不是空中楼阁式的理论形式演绎。目前，国内外意识形态领域和传播环境的多变性、复杂性和不确定性给新闻舆论工作带来新情况和新问题。习近平关于新闻舆论工作的重要论述内蕴强烈的问题意识和鲜明的问题导向，系统回答了

---

① 《习近平谈治国理政》第2卷，外文出版社，2017，第331—332页。
② 习近平：《坚持党的新闻舆论工作的正确政治方向》，载中共中央党史和文献研究院编《十八大以来重要文献选编》（下），中央文献出版社，2018，第214页。
③ 《习近平谈治国理政》第2卷，外文出版社，2017，第333页。

新闻舆论工作的重大时代课题。目前，互联网是新闻舆论工作的最大变量。从元问题回答和元理论构建来看，中国特色新闻舆论学要认真思考互联网、社交媒体、社交机器人等数字智能媒介作为"非职业""非人类"的新闻舆论主体参与内容生产及所引发的新闻舆论格局的结构性问题，针对新闻起源、新闻本源、新闻真实、新闻价值、舆论主体、舆论客体以及拟态环境、精神交往等核心概念，聚合多学科、多领域、多范式的思路与方法给予重新诠释；在新闻舆论理论与社会关系的层面上，中国特色新闻舆论学理论要在现代化进程中深刻体察中国的国情、社情、民情和舆情，深度解读新闻舆论工作新使命，以全新理念思考意识形态安全和新闻舆论工作，探索新闻舆论形成、扩散和产生影响的规律，为重大突发事件的舆论引导等国家治理内容提供有价值的思想资源和学术支撑；要抓住以"数字鸿沟""媒介帝国主义"为特征的不平衡、不平等的新闻舆论格局和国际传播秩序这一矛盾，思考构建"人类命运共同体""网络空间共同体"等时代命题对未来新闻舆论格局的影响，乃至对全球政治经济、文化文明等产生的影响。

最后，中国特色新闻舆论学要坚持系统观念。习近平关于新闻舆论工作的重要论述对新闻舆论实践的认识体现着普遍联系的唯物辩证观和系统整体的原则和方法，明确了新闻舆论工作的时代任务和基本职责，"党的新闻舆论工作是党的一项重要工作，是治国理政、定国安邦的大事"。① 新闻舆论工作是中国特色社会主义事业的极其重要的组成部分，全面建设社会主义现代化国家需要建设具有强大凝聚力和引领力的社会主义意识形态。中国特色新闻舆论学理论建构要以此为锚，在中国式现代化的新征程中，加强理论的顶层设计和科学布局研究，积极服务党和国家工作大局和治国理政工作实践，加强对国情、政情、社情信息反映和研究，为推进社会主义经济建设、政治建设、文化建设、社会建设、生态文明建设等一系列现代化部署提供强大的新闻舆论支持，深入挖掘新闻舆论工作以主流内容、大众表达、融合传播参与国家治理实践的经验并将其理论化，推动学术理论、内容、话语和符号多方位协同创新。

---

① 《习近平谈治国理政》第2卷，外文出版社，2017，第331页。

三 中国特色新闻舆论学要体现学术自信、自立和自主

中国特色新闻舆论学科学性建构要体现学术自信、自立和自主。当前，新技术革命影响着新闻舆论生态、话语格局乃至社会秩序，国内外传播形势日益复杂，中国特色新闻舆论学对媒体深度融合、网络安全等现象的分析把握要体现学术自信、自立和自主，不能亦步亦趋、不加辨别地沿用西方自由主义新闻学和实用主义舆论学理论等一系列理念和话语，将其作为衡量我们的新闻舆论工作的标准。

首先，要立足于本国新闻舆论工作的宝贵经验和理论传统，"主动讲好中国共产党治国理政的故事、中国人民奋斗圆梦的故事、中国坚持和平发展合作共赢的故事，让世界更好了解中国"。①

其次，要站位于世界百年未有之大变局与中华民族伟大复兴战略全局的时代背景下，以人类命运共同体的理论关切开展立足民族和面向世界的新闻舆论活动的深度研究和规律探索，以中国视角来诠释人类新闻舆论实践的客观规律和理论内涵，并与其他各国新闻舆论理论展开横向、纵向的比较研究，敏感捕捉和分析最新理论动态，向世界提供区别于西方新闻舆论学的学术体系和话语体系，在理论建构中体现中国特色社会主义道路自信、理论自信、制度自信、文化自信。

最后，要拓宽理论建构视野，着眼于国际新闻舆论传播实践的新现象和新需求，同时创新国际传播话语体系。例如在互联网传播中，习近平指出，"现有网络空间治理规则难以反映大多数国家意愿和利益"，② 这同样提醒我们，理论建构要超越西方范式主导的国际传播理论体系，批判性揭示现有国际传播格局的结构性问题，积极参与国际传播规则沟通和全球话语体系变革，为解决全球现代化进程中大多数国家面临的新闻舆论传播问题提供中国式学理支撑，通过理论对话和理论实践使全球新闻舆论传播格局

---

① 《习近平在全国宣传思想工作会议上强调举旗帜聚民心育新人兴文化展形象更好完成新形势下宣传思想工作使命任务王沪宁主持》，《人民日报》2018年8月23日，第1版。
② 习近平：《在第二届世界互联网大会开幕式上的讲话（二〇一五年十二月十六日，乌镇）》，《人民日报》2015年12月17日，第2版。

更加公正合理、更加平衡地反映大多数国家的意愿和利益，显示中国作为"世界和平的建设者、全球发展的贡献者、国际秩序的维护者"① 和推动构建人类命运共同体的责任担当。同时也要研究学术理论出新出彩的话语表达，"创新对外宣传方式，着力打造融通中外的新概念新范畴新表述"，② 通过理论交流和传播，增强世界对中国的文化认同、话语认同和情感认同。

理论的生命力在于实践。习近平指出，"必须坚持马克思主义指导地位，不断推进实践基础上的理论创新"。③ 中国特色新闻舆论学理论要坚持马克思主义在意识形态领域的指导地位，准确学习和贯彻习近平新时代中国特色社会主义思想，结合习近平关于新闻舆论工作的重要论述，深入挖掘国内外新闻舆论实践深层次问题，科学阐释中国特色新闻舆论实践的时代语境和理论发现，进一步强化新闻舆论理论实践的介入性、融入性，使中国特色新闻舆论理论真正嵌入当下新闻传播实践和知识体系建构过程，实现理论创新和实践创新的良性互动，得出符合中国实际和时代要求的新闻舆论认识和理论成果，指导新时代新闻舆论工作实践。

---

① 中共中央党史和文献研究院编《决胜全面建成小康社会，夺取新时代中国特色社会主义伟大胜利》，载《十九大以来重要文献选编》（上），中央文献出版社，2019，第18页。
② 《习近平谈治国理政》，外文出版社，2014，第156页。
③ 习近平：《在庆祝改革开放40周年大会上的讲话（2018年12月18日）》，《人民日报》2018年12月19日，第2版。

全球化、区域性与现代化：时代大变局下中国新闻舆论史学探索[*]

王天根[**]

摘　要　近代中国新闻事业的历史轨迹及其规律性呈现，离不开历史语境的清算与经验总结。新闻舆论史学探索侧重文本及其与社会语境的关系，涉及近现代报刊的地方意识与全国视野，转向探讨区域性、全国性与世界性乃至全球化的关系。在国家与社会关系重构过程中，传媒的重要角色是塑造国家认同，这是爱国主义传统的重要延续。而觉醒与启蒙系两次世界大战影响下中国发展的舆论动员的重要特色。政治议题与媒介议题、政治议程与媒介议程互动，当能给现代中国学理探索提供更多可以发掘的空间。简言之，近代传媒与现代化的关系是近代史学探索的重要命题。

关键词　新闻舆论史学　全球化　区域性　现代化

面对当下全球化的现实世界，历史记忆何以如此凸显及我们如何讲述，涉及历史叙事及书写。所谓全球时代的史学写作，有两大方面的新进展正在重塑史学的版图。①一方面，未来的史学写作方法具有较大不确定性；另一方面，全球化的讨论如野葛般蔓延开来，它缠绕于任何决定未来方向或过去意义的尝试之中。②当然，全球化是复兴史学的新理论，还是西方模式

---

[*] 本文系安徽大学文科学术创新团队"新闻舆论史"（A类项目）的阶段性研究成果。论文的主要内容发表于《南昌师范学院学报》2024年第4期，本文在内容上略做修改。

[**] 王天根，安徽大学新闻传播学院教授、博士生导师，历史学博士。

① 〔美〕林恩·亨特（Lynn Hunt）：《全球时代的史学写作》，赵辉兵译，大象出版社，2017，第1页。

② 〔美〕林恩·亨特（Lynn Hunt）：《全球时代的史学写作》"导言：史学的变奏"，赵辉兵译，大象出版社，2017，第1页。

上的全球化,① 值得进一步探讨。就史学功能而言,"到19世纪末20世纪初,史学开始承担新的使命,即教导国民"。② 而"民族国家史依然是世界各国历史教学的重头戏"。③ 但现代化理论影响下的史学研究遭遇传统与现代的关系辩证。"现代性理念本身被认为与西方的发展观和发展模式有着千丝万缕的联系。"④ 中国历史显然属于全球历史的重要组成部分。

顾名思义,现代中国新闻史当以1912—1949年新闻事业发展及变迁轨迹呈现为主体,同时考察其兴衰成败的历史情境。新闻史学涉及传媒承载的新闻资讯,当然也涉及与新闻密切相关的时评或社论等。而反映日常生活叙事等文艺及其评论,乃至救亡图存语境下政治转向等的报纸副刊,亦是研究者要考量的文本内容。作为研究者,须探索新闻线索及新闻生产的历史语境。简言之,现代中国新闻事业的历史轨迹及其规律性呈现,离不开历史语境的清算与经验总结。

一 全球化、区域性、国别史学的流动性：现代中国新闻舆论史学探索的前提

现代史学的探索及发展与第二次世界大战密不可分。有学者总结,"二战结束以来,主要有四大史学研究范式：马克思主义、现代化、年鉴学派"以及立足国别的"身份认同政治"。⑤ "尽管现代化范式主要是受到19世纪后期社会理论家涂尔干与韦伯的启发,但切不可等同视之,将它与一人多著这种情形相提并论。"⑥ 20世纪50年代至60年代,"当涂尔干与韦伯的理

---

① 〔美〕林恩·亨特（Lynn Hunt）：《全球时代的史学写作》"导言：史学的变奏",赵辉兵译,大象出版社,2017,第1页。
② 〔美〕林恩·亨特（Lynn Hunt）：《全球时代的史学写作》"导言：史学的变奏",赵辉兵译,大象出版社,2017,第2页。
③ 〔美〕林恩·亨特（Lynn Hunt）：《全球时代的史学写作》"导言：史学的变奏",赵辉兵译,大象出版社,2017,第3页。
④ 〔美〕林恩·亨特（Lynn Hunt）：《全球时代的史学写作》"导言：史学的变奏",赵辉兵译,大象出版社,2017,第7页。
⑤ 〔美〕林恩·亨特（Lynn Hunt）：《全球时代的史学写作》,赵辉兵译,大象出版社,2017,第10页。
⑥ 〔美〕林恩·亨特（Lynn Hunt）：《全球时代的史学写作》,赵辉兵译,大象出版社,2017,第11页。

念被整合到现代化范式中时,他们对现代性的批判大多被弃之不顾"。① "基于涂尔干与韦伯的远见卓识,现代化范式强调知识与社会功能的不断分化、国家权力的不断扩张以及通过城市化、移民与新技术而实现的交往的日益紧密。现代化范式认为冲突的根源是各种现代化势力与诸多落伍的或抵制融入现代世界的传统势力之间的分化。因此,现代化范式促进了对城市化、移民、技术革新、社会分化以及国家成长的研究。"② 探索现代化道路成为民族国家的重要历史叙事。

同现代化概念及其定义的学术范畴类似,全球化概念的提出及其关联全球史学也是历史变迁及其学术探索的产物。所谓全球史学乃至研究者的全球视野,离不开人类社群交往及其空间迁徙。人类交往情境类似如何由NET(网络)走向WEB(万维网)。NET与WEB两者的概念有何异同,即涉及人类如何由实体性的交往、交流,进而构成交往圈子,并有共识地达成一致。从WEB概念及其呈现的意义来看,交往圈子无疑属于无形的网络世界,涉及拟态世界面对现实世界的进程。外交意义上的深度融合,当是其中一种。两相比照并考量人类由国别史走向世界史,再向全球史学进发的历史进程及学理解释,其当有参照系。所谓全球史与世界史的差别,类似人类的航天技术等的科学进展所塑造的可能性。诸如由于抵达月球,人类更有可能明了地球的真正形状。而相比之下,站在地球审视地球与站在月球上审视地球,无疑有相当大的差别。全球化的交往网络无疑类似由NET趋向WEB,即局域网走向洲际网,再向全球网进发的过程。与此类似,国别史学亦有向全球的历史进发的过程。面对世界历史转向,哪些属于历史长河分野意义上的关键性节点?商品、资本乃至科学技术在其中扮演何种角色?衡量包括道统、治统在内的历史进程进步与否的唯一标准就是现代化与否?科技是现代化中呈现的生产力中的重要衡量指数吗?与科技相对的就是人文精神,包含传统的惯性力量等反弹,这就是反现代化的因素吗?反现代化逆向浪潮与区域历史的拓展是什么关系?传媒在现代化浪潮

---

① 〔美〕林恩·亨特(Lynn Hunt):《全球时代的史学写作》,赵辉兵译,大象出版社,2017,第11页。
② 〔美〕林恩·亨特(Lynn Hunt):《全球时代的史学写作》,赵辉兵译,大象出版社,2017,第12页。

及逆向浪潮等重大历史变革乃至转向中扮演什么样的角色？诸如此类，都需要历史情境分析，涉及国别言义上的学理参照。比如有学者称："中国史学界特别是近代史学界从革命史叙事过渡到现代化叙事之后，或者成为西方研究旨趣的简单模仿者，或者成为呼应政治意识形态的对策研究者。"① 就史学探索而言，有学者论述"历史观都是地方性知识"时称："关于人类的历史变化或者说是社会生活的动态结构，至少有两种特别典型的历史眼光：一种是中国传统的，它倾向于从单纯的治乱角度去看变化；另一种是西方传统的，它倾向于从进步的角度看变化。"②

中西方传统辨析关联"亚洲概念"及"民族—国家"内外模式分析。有学者认为：第一，"亚洲概念的提出始终与现代问题或资本主义问题密切相关，而这一现代问题的核心是民族—国家与市场关系的发展"③。第二，"亚洲概念与民族—国家、民族主义运动存在着密切的历史和现实联系"④。第三，民族—国家在亚洲想象中的支配性产生于近代欧洲所创造的基于国家与民族—国家相互对立的二元论⑤。第四，"亚洲作为一个范畴的总体性是在与欧洲的对比关系中建立起来的，它的内部包含了各种异质的文化、宗教和其他社会因素"⑥。第五，"亚洲与欧洲、非洲和美洲之间的宗教、贸易、文化、军事和政治关系有着长远的、难以分割的历史联系，以民族—国家的内外模式描述亚洲或者将亚洲设想为一个放大的民族—国家同样是不适当的"⑦。第六，"如果说对于亚洲的文化潜力的挖掘是对西方中心主义的批判，那么，亚洲概念的重构也是对于分割亚洲的殖民主义、干涉力量和支配力量的抗拒"⑧。总之，"亚洲问题不仅是亚洲的问题，而且是世界历史的问题。对于亚洲历史的再思考既是对19世纪欧洲世界历史的重构，也是突破21世纪新帝国秩序及其逻辑的尝试"⑨。

---

① 杨念群等主编《新史学：多学科对话的图景》，中国人民大学出版社，2003，第135页。
② 杨念群等主编《新史学：多学科对话的图景》，中国人民大学出版社，2003，第107页。
③ 杨念群等主编《新史学：多学科对话的图景》，中国人民大学出版社，2003，第203页。
④ 杨念群等主编《新史学：多学科对话的图景》，中国人民大学出版社，2003，第204页。
⑤ 杨念群等主编《新史学：多学科对话的图景》，中国人民大学出版社，2003，第204页。
⑥ 杨念群等主编《新史学：多学科对话的图景》，中国人民大学出版社，2003，第204页。
⑦ 杨念群等主编《新史学：多学科对话的图景》，中国人民大学出版社，2003，第205页。
⑧ 杨念群等主编《新史学：多学科对话的图景》，中国人民大学出版社，2003，第205—206页。
⑨ 杨念群等主编《新史学：多学科对话的图景》，中国人民大学出版社，2003，第206页。

亚洲概念分析涉及区域性知识及理论流行。有学者称："亚非各国的学者大多只关注自己的母国以及西方，而有关亚非世界的国际学术话语和知识生产则几乎被西方学术机构所垄断。"① 针对"西方学术机构负责理论知识的生产，而亚非则是各种理论的试验场所或者搜集原始数据的田野地点"，② 相关学者试图从"流动的亚非研究"切入，并设定两个关键词——"流动"与"日常"。③ 所谓"流动的亚非研究"乃至国别史学的流动性，一直是中外史学大家关注的焦点。美国学者孔飞力的《他者中的华人：中国近现代移民史》可谓扛鼎之作。他认为："许多世纪以来，中国统治者从以下三方面考虑移民问题：意识形态、国家安全与实用主义。"④ "长期以来，中国人家庭在空间上的分布模式，连同其他外出务工、寄钱回去养家的策略，无不显示出我们正在考察的，是一种假定移民及其家乡之间存在持续联系的'劳动力分布系统'。"⑤ 孔飞力认为，事情的本质不是分离，而是联系。虽然许多移民事实上在中国以外的地方安了家，但这并没有降低原先语境的重要性：大多数人与其说是确定地"离开中国"，还不如说是他们正在扩展劳作者和家庭之纽带的空间维度。⑥

全球化、区域性乃至国别史学的流动性，正是现代中国新闻舆论史学探索的学理参照及其内容分析的重要前提。新闻舆论史探索涉及新闻与历史交融互释，关注现实与历史。有西方学者称："近年来，我们的政治生活发生了不少标志性的重大事件"，涉及"冷战及其对人们思想造成的重大影响；民族认同与文化认同问题近来重新成为讨论的焦点。我向来对媒体社会学抱有强烈的兴趣，故而在分析这些问题时，多从交流这个切入点下手，当不足为怪。不过，我绝不认为这是一种局限；相反，我认为这是广泛探

---

① 曹寅：《自行车、港口与缝纫机：西方基建与日常技术在亚洲的相遇》，北京大学出版社，2022，第3页。
② 曹寅：《自行车、港口与缝纫机：西方基建与日常技术在亚洲的相遇》，北京大学出版社，2022，第4页。
③ 曹寅：《自行车、港口与缝纫机：西方基建与日常技术在亚洲的相遇》，北京大学出版社，2022，第4页。
④ 〔美〕孔飞力：《他者中的华人：中国近现代移民史》，李明欢译，江苏人民出版社，2016，第11页。
⑤ 〔美〕孔飞力：《他者中的华人：中国近现代移民史》，李明欢译，江苏人民出版社，2016，第5页。
⑥ 〔美〕孔飞力：《他者中的华人：中国近现代移民史》，李明欢译，江苏人民出版社，2016。

讨的起点"。① 诸如此类，反映媒体社会学语境中民族认同、国家认同乃至文化认同的重要性。相比较而言，华人学者也有论述，"我们今日熟知的信息传播与宣传形式，都奠基于西方近代工业革命、资本模式以及国家结构转型的一连串发展过程，任何掌握相关硬件设施，并进一步形塑自己对于信息传播、宣传的观念，是中国在面临西方近代化影响时，依据自己的文化、国家和社会结构去吸纳、转化的'用'与'体'之近代化历史进程的环节之一"。②

二　现代中国：中国新闻舆论史学探索的出发点与归宿

中国新闻舆论史的架构涉及国家与社会关系的重构，当然涉及现代中国的历史语境与社会语境。何谓"现代中国"？这指向中国社会的近代转型及其关联的现代性乃至现代化道路的抉择。美国汉学家孔飞力认为，"不同国家是可以经由不同的方式走向'现代的'。当我们一旦认识到这一点之后，便能够将现代化发生的'内部'史观和'外部'史观从方法论上统一起来了"。③ 就历史书写而言，在一个"现代性"有着多种形式的存在，也有着各种替代性选择的世界上，政治历史所要强调的，应当是同各种民族文化和历史经验相契合的种种"内部"叙事。当这些叙事涉及不同国家由于受到经济力量的影响和帝国主义强权的威胁而发生相应的变化时，其"外部"方面仍然有着至关重要的意义。④ 就哈佛大学的学术传承而言，孔飞力的看法秉承他的老师史华兹的思想脉络。史华兹对费正清等所谓"西方挑战"及"中国反应"的史学著述模式有着自己的见解，称："'西方冲击'这一比喻使人联想到的情景，是一个显而易见的物体在冲撞一个惰性物。"⑤ 以

---

① 〔英〕菲利普·施莱辛格：《媒体、国家与民族》，林玮译，译林出版社，2021，第1页。
② 廖敏淑：《序二》，载魏舒歌《战场之外：租界英文报刊与中国的国际宣传》，魏舒歌等译，社会科学文献出版社，2020，第1页。
③ 〔美〕孔飞力：《中国现代国家的起源》，陈兼等译，生活·读书·新知三联书店，2013，第2页。
④ 〔美〕孔飞力：《中国现代国家的起源》，陈兼等译，生活·读书·新知三联书店，2013，第2页。
⑤ 〔美〕本杰明·史华兹：《寻求富强：严复与西方》，叶凤美译，江苏人民出版社，1996，第1页。

"刺激—反应"模式探索近代中国历史值得反省,"在19世纪末,许多所谓的'对西方的反应'大多仍发生在中国传统思想的框架内。这个框架不是别的,乃是文人学士一向身处其中的精神的和理性的世界。在19世纪末以前,最活跃的一些中国思想家所关注的,仍然一直是那些人们熟悉的、反复发生的社会问题,他们对这些问题做出反应所依据的,是与过去有着有机联系的思想。这种'对西方的反应'是在中国的思想流派的背景中进行的"。① 相比外因刺激论,孔飞力更强调中国社会变革的内因,认为:"从本质上来看,中国现代国家的特性却是由其内部的历史演变所决定的。在承袭了18世纪(或者甚至更早时期)诸种条件的背景下,19世纪的中国政治活动家们其实已经在讨论政治参与、政治竞争或政治控制之类的问题了。"② 在孔飞力看来,"20世纪初期中国知识精英关于扩大政治参与的理论,虽然有着宏大的设计,但在结构上却是相当薄弱的。然而,20世纪中国的历届政府在从事国家建设时,却能够倚靠并受益于旧政权源远流长的行政经验"。③ 即西学东渐语境下,王朝体系依托的道统正当性受冲击,而近代中国仍受益于历史经验传承的政统。以此观照清末民初严复与孙中山为代表的两种类型的现代化方案及其关联的传播史,当有启迪。

国民革命的先行者孙中山先生在推翻帝制后将很多精力用在建国大业上,他不但让重要的智囊人物胡汉民、朱执信、汪精卫等筹办《建设》等杂志,自己也花了很多时间在上海撰著《建国大纲》。这些都属于现代中国蓝图的描绘与阐释,也属于理论建制的努力,其重要的建国目标尤以通过国民大会制定五权宪法为代表,孙中山为此划定"三步走"战略。以历史进程比照历史书写,美国汉学家孔飞力探讨所谓"现代中国"以晚清历史为主,且有意识地比照西方中心论及中国中心论的各自优势,论述中国历史着眼于政治参与、政治竞争和政治控制等根本问题的探讨。孔飞力所著《中国现代国家的起源》可谓"知人论事",但相关范本及根本问题探讨主

---

① 〔美〕本杰明·史华兹:《寻求富强:严复与西方》,叶凤美译,江苏人民出版社,1996,第5页。
② 〔美〕孔飞力:《中国现代国家的起源》,陈兼等译,生活·读书·新知三联书店,2013,第1页。
③ 〔美〕孔飞力:《中国现代国家的起源》,陈兼等译,生活·读书·新知三联书店,2013,第120页。

要以魏源及其著作的时代语境为中心。他山之石,可以攻玉。孔飞力的"他人眼见"对中国学人而言,尤有借鉴意义。

面对救亡图存,作为近代思想家的严复提出的中国现代化命题是:中国只能渐进性改良,尽管中国历史上曾有过百家争鸣、百花齐放的局面,但是所谓"修身、齐家、治国、平天下"属于儒家人生奋斗哲学与宗法制度典型结合,这一命题中的"家"与"国"统于一体。"家"是"国"的缩小,"国"是"家"的放大而已。"修身"乃至"平天下"实涉人生修养起步,进而上升到国家治理层面,此即"伦理政治化"的历程。资产阶级维新人物严复的命题涉及"政治哲学是一门政治科学"。这一思想源自英国,系舶来品。在严复看来,具体到中国就是开明专制类君主立宪。这一背景下如何处置中国儒家人生乃至政治哲学所涉"修、齐、治、平"?严复认为这一学理蕴含的人生奋斗哲学存在几千年,当时仍然可以存在,但多存在百姓的日常当中。后者正是中国所以为中国并与西方不同的地方,① 也即严复主张将英国式的君主立宪移植于近代中国,并保留儒家伦理教化,从而做到英国式的政治制度与中国传统的伦理教化各司其职。严复所谓"现代中国"应当是西方政治科学管理政治制度且儒家伦理教化管理人文精神,两者并存且两不涉。②

将孙中山式现代化方案与严复式现代化方案两相比较,主体涉及维新思想与革命理论的分歧。就孙中山与严复关于中国近代出路的对话而言,孙中山认为严复是思想家,但人生短暂,漫长的思想启蒙等不到"河水清澈"。孙中山在革命生涯的空暇草拟建国大业蓝图,后军事受挫,遂在上海专门投身研究建国大业及其方案,主旨是细化的"三民主义"。孙中山后来对民族主义等有所解读,后来者对此根据时代变迁有所诠释,形成"新三民主义"。章士钊在解读西方的社会契约论方面颇有自己的逻辑及思路,并在资产阶级革命派相关言论阵地上公开向严复及相关维新思想家阵营发起了冲锋。作为资产阶级思想家,严复与章士钊都受到英国政治哲学的影响,且对西方界定社会与国家关系的社会契约论有着深刻的学理认知,特别是对待法国革命哲学社会契约论等,辩驳双方都是报刊上双方阵营著名的舆论精

---

① 转引自王天根《群学探索与严复对近代社会理念的建构》,黄山书社,2009,第57页。
② 转引自王天根《群学探索与严复对近代社会理念的建构》,黄山书社,2009,第57—58页。

英。这一论辩涉及袁世凯执政时期维新思想与革命思想的分野。美国学者史华兹认为,"严复的被人们普遍非议的著述《〈民约〉平议》也没有什么新东西,但《〈民约〉平议》被传记家们引为严复背离西化主义和自由主义的确切证据。事实上,严复从未倾心于卢梭,严复精神上的任何一个西方导师也未赞同过卢梭"。① 也即"严复一直相当明确地表示反对卢梭的观点"。② 纵观思想脉络,"1914年的《〈民约〉平议》与严复先前关于卢梭的观点,也许除了调子更激烈些外,没有重大差别"。③ 简言之,"在严复的思想中,紧迫的现代化任务,或如马克斯·韦伯所说的社会合理化,与自由平等的价值观念是绝无联系的"。④ 在严复看来,君主立宪意义上的开明专制论才能解决近代中国道统及治统变革的问题。

总体而言,正是围绕严复与孙中山阐述"现代中国"及其关联的不同的现代化方案,中国新闻舆论围绕改良与革命发表不同的政治见解,而报刊形成了两种路向。

三 近代传媒与现代化的关系是近代史学探索重要命题

中国现代化分析涉及多个维度。首先,中国现代化的道路涉及城乡关系,特别是农耕文化向工业文化进发。这涉及大量农村人口进入城镇及其都市化过程,人口大量迁移的过程中有诸多社会问题出现,其根本涉及近代社会转型及其问题解决。对近代中国而言,现代化意味着移民大量从农村到城镇。近代中国属于城乡分界意义上现代化浪潮中重要一环。其次,近代中国移民关联侨民及其区域化乃至全球化人口流动,属于中国现代化过程中重要外联因素。发达国家与发展中国家区分意味着区域化发展的两极。近代中国,广东与福建等地大量人口到东南亚去谋生,这属于世界意

---

① 〔美〕本杰明·史华兹:《寻求富强:严复与西方》,叶凤美译,江苏人民出版社,1996,第202页。
② 〔美〕本杰明·史华兹:《寻求富强:严复与西方》,叶凤美译,江苏人民出版社,1996,第203页。
③ 〔美〕本杰明·史华兹:《寻求富强:严复与西方》,叶凤美译,江苏人民出版社,1996,第203页。
④ 〔美〕本杰明·史华兹:《寻求富强:严复与西方》,叶凤美译,江苏人民出版社,1996,第204页。

义上的移民。移民是地理空间上社会劳动力资源与生产资料地缘空间重新分布,而谋生意味着将相关工资等转移到祖国,这意味着劳动力流动。最后,中国现代化浪潮与两次世界大战关联。两次世界大战本身意味着全球范围的社会资源重新洗牌。就近代中国而言,这又意味着国家与社会关系的重构。一方面是社会分化,科技带来的财富增长并不意味着伦理上贫富悬殊得以解决;另一方面,国家与社会关系重构涉及近代中国的定位,半殖民地半封建社会意味着"现代中国"的重要任务是反帝反封建。此两大任务与国家发展密切相关。植根国情救亡与启蒙,同时也是近代传媒业承担的重要使命。

近代传媒与现代化的关系分析涉及媒介功能分化及其时代及区域定位。过去将传媒定位为事业,探讨传媒事业与社会发展的关系;近年笔者与研究团队侧重探讨传媒与舆论建构的合法性与正当性。当然,传媒与社会一样,本身也处于发展变动之中,涉及新陈代谢。由此而论,近代传媒与现代化的关系,涉及社会通信系统与现代化的关系。社会通信系统既包含日记、档案、地方志等,也包括近代新媒体报刊与广播等。探讨社会通信系统与社会发展或衰败的关系乃至与现代化程度的关系,涉及日记、档案、地方志与人的关系、空间的关系、时间的关系、事件的关系等。而时间与空间往往涉及地域场景。社会通信系统与社会发展或衰败的关系,涉及社会通信系统对新生事物触觉意义上的敏感程度。作为媒介的日记、契约文书乃至地方志等涉及内容与载体,日记当属于个人记载,从史学层面来看,多呈现个人史。契约文书多属于档案,具有社会史学特性。地方志涉及地方风土人情,反映地方的特性。从产品角度看日记等私人物品,当然有各种私人关系在媒介中呈现,内幕居多。而作为契约文书等地权交易合同,则界于公私之间。公的层面有"赤契",私下则有白契流行。而地方志显然有地方史属性,关联到一方水土养一方人。由此而来,中国现代化涉及区域史意义社会通信系统内部功能的协调及传播媒介的新陈代谢。

新的传播史学书写,涉及现代化语境中传媒功能的重新审视。过去多将传媒史学探索定位为事业史,而笔者将媒介与社会动员结合起来,探讨媒介动员意义上的舆论史学。舆论动员涉及治统与道统上的合法性与正当性。两相比较,探讨的主体,从过去侧重国内事件,到当下探讨报刊媒介与第一次世界大战、第二次世界大战的关系，在现代化背景下自觉地将传媒史纳入全球史学的范畴。

现代化语境中近代报刊史学解读侧重文本及其与社会语境的关系，涉及报刊的地方意识与全国视野，转向探讨区域性、全国性乃至全球化的关系。探讨报刊史学关联的国别史，涉及韩国报刊、日本报刊中有关中国动态的解读，《泰晤士报》《纽约时报》呈现的中国社会生活的多维面相。而中国舆论精英以新闻通讯或时评方式在西方报刊上的展示，涉及新闻传播跨语际的流动性，即涉及多语种之间的跨文化交际。

总体而言，从旧民主主义革命到新民主主义革命，从旧中国到新中国，涉及传媒在国家认同上的重要作用。近代新闻舆论史核心内容是政治宣传转向，正如从国共合作时期"联蒋抗日"到"打倒蒋介石，解放全中国"，前者涉及国共合作时期的抗日战争，后者涉及解放战争。这当中涉及政治舆论转向，历史背景涉及抗日战争转向解放战争。政治舆论动员的转向，涉及转向内容如何？如何转向？原因何在？诸如此类，涉及中国式现代化道路如何从历史中走来，也涉及新闻舆论围绕中国式现代化道路的正当性、合法性做动员。如何解决中国近代社会出路问题，涉及时代大变局下的学理探讨与实践，尤其涉及历史轨迹的学理阐发。所以相关传媒历史书写涉及历史主线、分期及其背后的逻辑支撑。简言之，从传播媒介资讯内容的呈现史向传媒史学的书写史转向，关联全球化、区域性与现代化等多重意蕴。中国新闻舆论史学探索，尤其涉及近代新媒体报刊的阅读，进而涉及读者心灵。相比之下，传媒的书写史学涉及研究者的眼光与格局。两者关联研究对象与研究者的关系互动，更有历史与现实的交融互释。

·国际传播研究·

内外联动：两个"共同体"视域下的边疆对外传播[*]

刘晓程 申 琪[**]

摘 要 两个"共同体"理念是马克思主义民族理论中国化的最新成果。边疆对外传播实践应以两个"共同体"理念为指导，坚持内外联动，全面整合边疆地区丰富的文化在地话语、官方政策话语、媒体报道话语、公共外交话语、国际竞合话语五大话语体系，大力实施双向沟通、多元对话、和合共生的对外传播策略，为边疆经济社会发展做出更大贡献。

关键词 两个"共同体" 边疆 对外传播 话语体系

党的十八大以来，习近平总书记立足边疆地区发展实际，将边疆治理提升到前所未有的战略高度。边疆是国家治理的要害之处，关乎整个中华民族的生存。一方面，地理意义上的边疆地区处于一国边境的"过渡地带"，与周边国家有着广泛的文化、习俗联系，同时容易受到境外意识形态的直接影响。另一方面，中国边疆地区历来是国际势力插手中国事务和遏制中国发展的议题焦点，西方反华势力经常借助所谓的"边疆议题"破坏中国和谐稳定的发展局面，阻碍中国发展。同时，我国边疆地区多为少数民族聚居区，民族众多、信仰复杂，与多国接壤，地形地域复杂，在社会治理中本身存在一定的难度。

两个"共同体"是以习近平同志为核心的党中央在维护国家和民族利益的基础上，提出的关乎中国发展的理念及构想，对边疆地区的发展和治

---

[*] 本文系国家社科基金项目"中华民族共同体视域下边疆民族地区公共政策传播机理与优化策略研究"（20BXW095）和兰州大学中央高校基本科研业务费专项资金项目"铸牢中华民族共同体意识的传播策略研究"（2023jbkyzx001）的阶段性研究成果。

[**] 刘晓程，兰州大学新闻与传播学院院长、教授、博士生导师，中国新闻史学会公共关系专业委员会理事长；申琪，兰州日报社记者。

理具有重要的理论指导意义。铸牢中华民族共同体意识是边疆治理的战略任务，构建人类命运共同体是边疆治理的外部条件。然而共同体并不是一蹴而就的，历史背景、社会政治经济条件、传播话语等因素对两个"共同体"的构建与联结起到不同程度的影响，二者之间是一种不断协商和发展的关系。其中，传播被认为是"民族和国家形成并走向结合的黏合剂"，[①]将两个"共同体"理念与边疆对外传播问题相结合具有重要的现实意义。

一 两个"共同体"理念之于边疆对外传播的反思

"共同体"（Community）在哲学发展史上是一个十分重要的论题，有着丰富的内涵和外延。德国社会学家斐迪南·滕尼斯（Ferdinand Tonnies）在《共同体与社会——纯粹社会学的基本概念》中指出，"共同体是持久的、真实的共同生活，应当被理解成一个有生命的有机体"。[②]滕尼斯的共同体思想深受马克思的启发，但马克思所说的"真正的共同体"主要指的是共产主义社会，后者意在开辟一条超越资本主义道路的人类文明新形态，因而马克思共同体思想书写了"自由人联合体"中大写的"人"，即人类"只有在共同体中，个人才能获得全面发展其才能的手段，也就是说，只有在共同体中才可能有个人自由"。[③]在这里，人与共同体是统一的，共同体成就了每个个体的生存、发展和自由，从而避免了个人主义冲击自由人的联合体，进而形成一种全球性的共同体交往形式。

我国学者研究指出，人类社会是以共同体形式出现的，在人类社会发展的不同历史阶段，共同体的形式和性质是不一样的，形成了以"家元共同体—族阈共同体—合作共同体"为主要脉络的共同体进化过程，并且"只有当人类建构起了一种合作共同体，才会使人拥有作为个人的完整的生活，从而成为真正独立的、完整的和自由自觉的个人"。[④]随着人类社会的

[①] 龙小农：《超越非洲范式：新形势下中国对非传播战略研究》，中国传媒大学出版社，2009，第129页。
[②] 〔德〕斐迪南·滕尼斯：《共同体与社会——纯粹社会学的基本概念》，张巍卓译，商务印书馆，2019，第71页。
[③] 《马克思恩格斯选集》第1卷，人民出版社，2012，第199页。
[④] 张康之、张乾友：《共同体的进化》，中国社会科学出版社，2012，第1页。

发展，共同体的内涵和外延得以不断丰富，出现了从家庭、氏族、村庄等小共同体到阶级社会的国家、民族共同体，再到以政治、经济、文化等为纽带连接的全球共同体等不同的理论阐释。然而，不论是家园性的"有机共同体"还是何以为人类的"真正的共同体"，抑或国际社会的"合作共同体"，都表明共同体的形成是一种持久建构与协商的结果。在共同体的建构过程中，共同目标、身份认同和归属感是任何类型共同体形成的三个关键要素。①

党的十八大以来，习近平总书记提出"中华民族共同体"和"人类命运共同体"的重要论述，是对马克思主义民族理论和共同体思想的继承和发展，是新时代协调国家治理与全球治理以推动人类社会永续发展的逻辑范式和实践路径。在这里，两个"共同体"理念是高度统一、内在契合的有机整体。中国解决民族问题、建设中华民族命运共同体的理念，与中国参与全球治理、倡导人类命运共同体的理念是一致的。②虽然两个"共同体"的目标对象、逻辑内容不同，但却有着完全相同的逻辑起点与价值旨归，我们在应对中国和世界问题时都离不开"共同体"意识：要实现中国梦，离不开铸牢中华民族共同体意识；要实现"世界梦"，同样需要推动构建人类命运共同体。

"中华民族是一个命运共同体，一荣俱荣、一损俱损。"③ 中国解决民族问题、建设中华民族命运共同体的理念，与中国参与全球治理、倡导人类命运共同体的理念是一致的。④ 我们在应对中国和世界问题、加强边疆治理和处理边疆地区社会问题时，都要认真理解"共同体"的深刻内涵，贯彻落实好两个"共同体"理念。尤其在边疆对外传播问题上，我们既要对接边疆实际，不断增进边疆民众的"五个认同"，也要兼顾人类命运共同体的核心要求，实现境内境外的互通与连接。无论是铸牢中华民族共同体意识

---

① 肖珺：《跨文化虚拟共同体：连接、信任与认同》，社会科学文献出版社，2016，第4页。
② 郝时远：《改革开放四十年民族事务的实践与讨论》，《中央社会主义学院学报》2018年第4期。
③ 本书编写组编《〈新时代爱国主义教育实施纲要〉学习读本》，人民出版社，2020，第186页。
④ 郝时远：《改革开放四十年民族事务的实践与讨论》，《中央社会主义学院学报》2018年第4期。

还是构建人类命运共同体，最终目标都是建立和谐团结、和平发展的边疆地区，进而互利互惠、开放共赢。

二 边疆对外传播的基本架构

如前所述，从统筹国内外两个大局来理解两个"共同体"，边疆对外传播无疑扮演着十分重要的角色。一方面，高速发展的媒介技术打破了时间空间的界限，使得边疆地区的不同传播要素之间能够沟通连接，这为边疆对外传播的构建提供了便利条件。另一方面，有效的边疆对外传播能为打通两个"共同体"提供一条可行路径，既能提升边疆地区民众的国家认同意识，又能将边疆作为通往世界的接口（或"窗口"），从而将铸牢中华民族共同体意识和构建人类命运共同体理念有机结合起来。因此，边疆对外传播与两个"共同体"无形中建立起一种有机的"共生"关系：两个"共同体"是边疆对外传播的指导方针，边疆对外传播是实现两个"共同体"的一条必由之路。依循传播学的经典理论，本文勾勒出两个"共同体"视域下边疆对外传播话语体系的基本框架。

第一，把两个"共同体"的连接与对话作为边疆对外传播的战略目标。边疆对外传播应立足于中华民族共同体与人类命运共同体两大战略思想，不断优化边疆对外传播话语体系，提升边疆对外传播软实力。

第二，边疆对外传播话语体系建构需要进一步优化边疆地区的文化在地话语、官方政策话语、媒体报道话语、公共外交话语、国际竞合话语五大子系统，不断拓宽边疆对外传播的话语空间，减少发声空地，提升传播效力，从而构建多方互补、多方协助、多方求证的边疆对外传播话语体系。

第三，边疆对外传播应采取内外互补和内外联动的传播策略。对内，积极用公众喜闻乐见、浅显易懂的语言，不断讲好边疆政治、经济、文化、军事、外交、宗教、旅游等的故事，提升边疆民众的"五个认同"意识；对外，立足谈生意、谈文化、谈友谊等显在利益关系与故事资源，讲好"一带一路"倡议提出的"五通故事"，不断增进边疆地区和国际社会对人类命运共同体的理解，推动其产生共鸣。

第四,边疆对外传播应坚持"边—地"和"中—外"两条同向而行的跨文化传播路径。前者指向边疆在地文化认同,后者指向全球利益竞合。在具体的传播实践策略上,既要做好专业性的媒体报道、广告宣传、公关策划与公共外交创新,又要注重人人触手可及的社会性媒体的力量,同时努力打造语种多、用户广、信息量大、功能丰富、使用便捷、影响力强的复合媒体,不断完善主流媒体的信息采集网络,扩大主流媒体在境外的传播覆盖率和发行量,让主流媒体的优质传播内容及时高效地传播到世界各国。

第五,边疆对外传播需改进和优化传播过程中的话语类型和修辞策略。传播话语应在双边与多边关系竞合中坚持对话原则,用对话建立平等交流,用对话化解双边矛盾,用对话达成普遍认同,始终聚焦"认知""对话""认同",寻找最大公约数,在和合共生的基础上构建人类命运共同体,并以此讲述"中国策略"。在修辞策略上要转换视角,尤其应将边疆地区的"日常生活"纳入对外传播的修辞系统中,通过各种形式(如留学生、边贸人员、游客等)的"民间视角",即利用这种"软交流"的力量,增强边疆对外传播的吸引力和亲和力,建立一个丰富立体的民间日常对话体系。

三 边地与中外:边疆对外传播的话语体系

(一)文化在地话语

随着"一带一路"倡议的推进,边疆地区既迎来开放机遇、外交机遇、文化机遇,也面临着地缘风险、安全风险、法律风险等。然而,由于人们对边疆地区的认知仍然存在不少盲点,以至于出现观念和文化上的理解偏差,从而影响边疆地区的发展和两个"共同体"的推进。边疆文化在地话语作为一种"有温度的"对外传播实践,应采取"软传播"方式,运用好文化的软实力和巧实力,在文化交流中尊重差异、包容互鉴,使文化成为政治、军事、经贸等各领域合作的"润滑剂"。以边疆口岸为例,口岸本身就是一个十分独特的对外传播空间。口岸通过互市贸易,可以将双边语言、文化、宗教、习俗、政策等传播开来,在边疆地区交往中发挥着重要作用。口岸富集边疆地区独特的美食、习俗和民族宗教等文化形式,是一种潜移默化、润物细无声的传播资源。①

（二）官方政策话语

官方政策话语涉及政策执行过程中的各种传播话语，其形式有双边官方网站信息、政策文件、领导人讲话等。官方政策话语的传播与表达，不仅要保证政策自身的原则性与准确性，同时也要讲求政策传播的艺术性与对话性，否则就可能出现"自说自话"与"自娱自乐"的局面。对中国而言，应努力打造中国特色的官方政策话语体系。一方面，注重对边疆政策的解读，要用群众喜闻乐见的话语形式及时讲解最新的边疆政策，从受众需求出发，提高宣传的吸引力、实用性和亲和力；另一方面，政策话语还要兼顾对外传播的需要，涉边政策不仅要说给本国民众听，还有可能会引起国际社会尤其是对外边境民众的广泛关注，因此，必须同时考虑国际传播的恰适性，有时甚至要仔细权衡政策当中的每一个字，每一句话。

（三）媒体报道话语

目前我国边疆对外传播媒体报道话语主要存在三个问题：一是对外报道普遍缺少"在地"特色，导致边疆在地自主对外传播的声音不足、亮点不多、影响不大；二是对外报道的多语种传播能力不足，以英语为主，一些目标国家的小语种传播还有很大提升空间；三是对外报道信息内容偏"硬"，难以引起受众的阅读兴趣。因此，对外报道需遵循"在地化"，根据边疆地区及其目标国家或地区的地域特征、政治环境、民族特点、宗教意识、生活方式等调整报道内容，运用多层面、多种类的话语展开报道，通过多元化的反馈调整语言叙事，采用"中国故事、世界表述"的方式交流传播。同时，在边疆对外报道中要运用好小人物的故事，通过某个具体的人所反映的政治经济背景比直接报道政治经济状况更有说服力，更具可读性。

（四）公共外交话语

公共外交是区别于官方外交的一种有益补充，通常也以服务国家利益

---

① 刘晓程、田歌：《边疆口岸的对外传播功能浅析——以霍尔果斯为例》，《对外传播》2019年第12期。

和国家安全为目标,借助于各种媒介和民间活动从而提高本国国家形象和增强本国国际影响力。公共外交可以面向目标国家或地区的各个阶层,包括官方与民间的各种双多边之间的对话交流,涵盖经济、教育、人文、科技、体育等多个领域。边疆地区的特殊性为公共外交提供了更多的可能性。以边疆地区的合作企业为例,双方开展的各类间接传播行为和文化交流、信息项目等形式的直接交流活动,都是合作企业可以开展的公共外交活动。对这些企业而言,一方面,它们在获取自身利益的同时,要发展好合作伙伴,注重社会效益,讲好中国企业故事,提升我国企业的国际形象;另一方面,它们应运用好边疆这个天然桥梁,在企业公共外交中不断弘扬中华民族优秀文化,开发多种形式的文化交流样态,注重双向对话交流,推动中外文化共情融合,使边疆地区成为世界认识中国与中国了解世界的一个重要窗口。

(五)国际竞合话语

国际竞合话语,是指由于边疆的特殊性,其相关问题更趋复杂和敏感,边疆议题经常成为西方与国际社会关注中国社会的焦点,甚至成为中国和周边国家乃至世界主要大国之间展开话语竞争的"主战场"。面对西方国家别有用心地设置边疆议题,我们必须沉着应对,采取竞合传播战略。在"讲好中国故事、传播好中国声音"的前提之下,既能针锋相对敢于斗争,又能和平共处积极对话。首先,要在国际竞合关系框架下讲述好我们自己的"边疆故事",让人们在识破西方有意图设置的所谓边疆议题阴谋的同时,真实地接受我们自己的边疆议题设置。其次,应积极把握主动权,努力抓住话语权,面对确实存在的边疆议题不逃避不胆怯、不自大不自卑,快速、真实、立体、全面地向国内外呈现中国的真实情况,让各种谣言不攻自破。最后,还应保持对话沟通的能力,尤其对一些特殊的边疆议题应采取多种回应策略。

四 认同与互通:边疆对外传播的内外目标

边疆问题的对外传播既是一个国际传播议题,也是一个国内传播议题,需要内外结合、内外兼顾。① 具体说来，边疆对外传播既要坚守"五个认同"，提升边疆地区民众对中国、对中华民族、对中国文化等的认同，从而在边疆地区铸牢中华民族共同体意识，又要将"一带一路"倡议提出的"五个互通"纳入传播体系，使各国民众愿意加入并参与"一带一路"建设，共同构建人类命运共同体。

（一）凸显"五个认同"

国家认同是指一个国家的公民对自己祖国的历史文化传统、道德价值观、理想信念、国家主权等的认同，即国民认同。② 国家认同在社会发展脉络中表现为集体归属感和集体认同感。对内而言，应聚焦边疆民众的归属感，注重对国内民众有关国家政策、习俗和文化等的传播普及，从而维护边疆地区的和谐稳定，推动构建中华民族共同体，促进"五个认同"。在具体策略上，应结合边疆实际制定具体的传播方案，提升中国公民的身份意识，形成各民族对国家主体的思想共识。同时利用媒介技术对各民族开展深入细致、形式多样的认同教育或文化活动，在各类传播实践中凸显各民族文化蕴含的积极向上谋求整体发展的思想，弘扬中华民族共有文化精神，以促进各民族对社会主义和谐文化理念的高度认同。

（二）倡导"五个互通"

对外而言，边疆对外传播应积极贯彻落实"一带一路"倡议所提出的共商、共建、共享原则，通过讲好"五通故事"构建人类命运共同体。其中，民心相通是基础。边疆对外传播中两个"共同体"理念最重要的意义是将"人"连接起来，在连接过程中产生身份认同和对组织的归属感，从而能够彼此信任，为共同的目标奋斗，形成和谐舒适的相处模式。因此，边疆对外传播应致力于建立民心相通的话语场。一方面，应根据边疆地区的社会环境、民族文化、风俗人情等开展差异化的传播活动，在实践中秉持尊重差异、包容多样的原则，努力讲好"一带一路"的合作故事；另一

---

① 王赟、刘晓程：《我国边疆问题对外传播的观念转型与模式创新》，《南京工程学院学报》2014年第3期。
② 贺金瑞、燕继荣：《论从民族认同到国家认同》，《中央民族大学学报》2008年第3期。

方面，要充分运用多种手段，努力建立多主体、多层次、全方位的文化传播与交流合作格局。通过双管齐下，不断构筑政策沟通、设施联通、贸易畅通、资金融通、民心相通的人类命运共同体。

结　语

　　传播既可能是达成对话交流的桥梁，又可能是产生文化隔阂的高墙。媒介技术的发展不断延伸着人们的交往领域，在越来越紧密的连接中，也可能制造出许多新的冲突与断裂。边疆对外传播不是话语权竞争的权宜之计，而是在两个"共同体"理念的指引下，寻求共同体构建与超越的永恒实践。这种认识和判断源于我们对共同体的一种朴素理解：诚如齐格蒙特·鲍曼（Zygmunt Bauman）所说，共同体是一个"温馨"的地方，一个温暖而舒适的场所。它就像是一个家，可以遮风挡雨，然而，共同体意味着的并不是一种我们可以获得和享受的世界，而是一种我们将热切希望栖息、希望重新拥有的世界。① 因此，共同体的构筑绝不是一个精致的建构之旅，而是一个不断完善和超越的进化之旅。

---

① 〔英〕齐格蒙特·鲍曼：《共同体》，欧阳景根译，江苏人民出版社，2003，第2—4页。

·媒介文化研究·

论情感治理视域下的媒介化心理援助*

郭小平 万晶晶**

摘 要 媒介化的心理援助，为重大突发风险事件的个体情绪、群体心理与社会心态治理提供了一种心理学视角。新媒体时代，情感治理已构成社会风险治理的重要维度。热线电话、广播电视、社交媒体以及 AI 机器人等媒介演进，为危机事件中的心理急救、心理干预、心理重建、风险沟通提供新的技术支持。媒介化的心理援助是对面对面心理辅导不足或缺失的重要补充，构筑风险社会的心理支持网络，提升心理危机应对的社会韧性，推动国家应急传播体系的完善。

关键词 心理援助 媒介化 情感治理 人工智能

随着全球化进程的加快，世界正处于一个高风险时期。科技进步与经济发展并未彻底化解风险，从 2003 年 SARS、2008 年汶川大地震、2011 年福岛核泄漏事故、2020 年新冠疫情、2021 年郑州"7·20"特大暴雨到 2023 年京津冀特大暴雨，自然灾害、公共卫生、科技风险等不同类型的重大突发风险事件频发。重大突发风险事件不仅会带来巨大的生命伤亡与物质损失，而且会给公众带来严重的心理性创伤。当公众既有处理问题的方式和支持系统难以应对重大突发风险事件带来的冲击时，就会产生心理危机（Psychological Crisis）。[①] 如果没有对相关人群进行及时的心理干预，可

---

* 本文系国家社科基金重大项目"提高面对重大突发风险事件的媒介化治理能力研究"（21&ZD317）的成果之一。论文的主要内容发表于《新闻前哨》2024 年第 1 期，本文在内容上略做修改。

** 郭小平，华中科技大学新闻与信息传播学院教授、博士生导师，副院长；万晶晶，华中科技大学新闻与信息传播学院新闻传播学专业博士生。

① 张黎黎、钱铭怡：《美国重大灾难及危机的国家心理卫生服务系统》，《中国心理卫生杂志》2004 年第 6 期。

能会导致个体出现心理问题，继而引发非理性行为，对社会稳定造成威胁。心理援助（Psychological Assistance）理论正是在这一背景下应运而生的。2008年的汶川大地震给公众带来的巨大的心理创伤，直接触发了国家和社会对心理援助工作的高度关注。在此之后，国家正式将"心理援助"纳入灾后的干预策略中。

心理援助指的是重大突发风险事件发生后为受灾公众提供的心理帮助，以支持他们应对重大突发风险事件导致的心理问题与心理创伤，并逐渐恢复到正常的心理状态。① 这既包括早期的心理急救、心理危机干预，也包括长期的心理重建。②

心理援助既可以在面对面互动中进行，也能够通过广播、电视、社交媒体平台、聊天机器人等媒介进行中介化沟通。在尼克·库尔德利（Nick Couldry）与安德烈亚斯·赫普（Andreas Hepp）看来，媒介既包括"作为技术（包括基础设施）的媒介"，也包括"作为意义生产过程的媒介"。③ 无论是作为意义生产过程的内容性媒介，还是作为基础设施的物质性媒介，它们都以特定的方式"影响"甚至是"塑造"重大突发风险事件的心理援助，从不同维度扩展了心理援助的多样性。

应对重大突发风险事件，"不能仅靠理性的技术化治理，而忽视了感性的民众情感治理"。④ 作为社会治理方式的情感治理，旨在探测、识别、回应与疏导个体情绪、群体心理与社会心态，尤其是要消除负面情绪和增强社会凝聚力。

一 广播电视媒介的心理援助

（一）广播电视的"心理热"：常态化社会的心理咨询

广播的心理援助源于早期的热线电话并在广播情感节目中得以兴盛。

---

① 贾晓明：《地震灾后心理援助的新视角》，《中国健康心理学杂志》2009年第7期。
② 张侃：《国外开展灾后心理援助工作的一些做法》，《求是》2008年第16期。
③ 〔英〕尼克·库尔德利、〔德〕安德烈亚斯·赫普：《现实的中介化建构》，刘泱育译，复旦大学出版社，2023，第7页。
④ 宋辰婷：《突发公共卫生事件中的情感治理——以新冠肺炎疫情为例》，《福建论坛》2020年第3期，第46页。

"东方的含蓄与匿名讲述""心理咨询与网上聊天的替代品"等诸多因素造就了一种独特的、替代性的心理宣泄方式,即媒介化的"隐私倾诉"。①

早期媒介化的"隐私倾诉"适应了转型中国的社会心理震荡。张鹂在《焦虑的中国:内心的革命与心理治疗的政治》一书中指出,中国快速的现代化不仅在社会经济结构上造成了严重的断裂,而且在人民的内心世界里也造成了深刻的裂痕。面对日益激烈的市场竞争、快速的社会变化以及成功的压力,越来越多感到不安和迷茫的人开始求助于心理咨询与心理治疗。20世纪90年代初以来,一场"心理热"席卷了中国城市。这一场自下而上的大众心理治疗运动并不囿于重塑个人和家庭领域,而且还延伸重塑了组织和政府治理实践。国家开始将心理治疗作为治理的方式,借助心理咨询、心理指导、心理教育等方式介入公众的内心世界。② 例如,在20世纪90年代的"下岗潮"中,政府部门借助心理培训等方法安抚和管理下岗员工,一些非正式的心理咨询师借助心理治疗的知识和方法,帮助下岗工人重返就业市场。③ 总的来说,受经济结构与文化结构剧烈变化的影响,社会心理问题受到国家前所未有的关注。近年来政府也加快了社会心理服务体系的构建。

社会大转型背景下的"心理热"也促使广播电视开始关注社会大众的心理问题。广播媒体通过深夜电台、热线电话等形式帮助听众面对个人心理上的困扰;电视媒体则开办心理访谈节目,邀请心理专家为求助者进行专业的心理辅导。自20世纪90年代中期起,我国的广播事业开始出现一种特殊的节目形式:听众可以通过热线电话与主播连线,诉说内心的苦恼并得到主播的适当建议。这一类的代表节目有中央人民广播电台的《午夜心桥》、湖南广播电台的《夜色温柔》和郑州人民广播电台的《今夜不寂寞》等。虽然电台主播并不是专业的心理咨询师,但是节目已经融入了与心理咨询相似的元素,在一定程度上疏解了公众的心理焦虑。④ 从2004年开始,

---

① 郭小平、蔡凯如:《私密话题:当代中国私人话语向大众传媒的扩张》,《新闻大学》2003年第2期,第48—49页。

② L. Zhang, *Anxious China: Inner Revolution and Politics of Psychotherapy*, University of California Press, 2020, pp.150-153.

③ J. Yang, *Unknotting the Heart: Unemployment and Therapeutic Governance in China*, Cornell University Press, 2015, pp.141-164.

④ 胡辉:《心理访谈类电视节目的发展状况及其特点研究》,《中国电视》2008年第1期。

国内电视台陆续推出了几档优质的电视心理访谈节目，如中央电视台的《心理访谈》、北京电视台的《心理时间》、东方卫视的《心灵花园》、重庆卫视的《情感龙门阵》以及广州电视台的《夜话》等。这一类节目普遍采用"真实的心理案例"与"心理专家点评"相结合的模式。例如，中央电视台《心理访谈》的每一期节目都会让心理专家针对当事人的困惑进行专业的心理辅导。真实的心理案例讲解也让观众意识到心理健康的重要性。

社会心理服务体系具有多层架构，既包括常态化社会中个体层面的心理咨询与心理教育、中观层面的群体心理疏导、宏观层面的社会心态塑造，也包括非常态社会中的心理急救、心理危机干预与心理重建。[①] 广播电视除了在日常生活中建立"心理互助平台"来预防大众负面情绪积累，在非常态化的重大突发风险事件中也能发挥心理援助的作用。引入广播电视的心理救援角色，不仅是对我国大众媒体灾难传播的一次深刻反思，也是对媒体生态文明传播方式的进一步拓展。

（二）广播电视的心理危机干预：非常态化社会的心理援助

传统的心理危机干预开展形式主要是一对一或一对多的面对面交流，心理咨询师会综合运用解释、支持、鼓励和放松训练等手段，为存在心理问题的民众提供心理辅导。然而，在灾难事件发生后的第一时间，组织实施一对一或一对多的面对面心理咨询难以满足公众对心理援助的海量需求。灾难的严重破坏性造成绝大多数人的心理性创伤，其中既包括受灾群体，也包括存在"替代性创伤"的救援群体、媒体记者以及处在"远方"的公众。面对心理咨询师不足的困境，视听媒体则可以有效发挥媒介的替代性作用。

1. 广播媒介的心理抚慰功能：私密性与"伴侣性"

广播作为一种私密性与"伴侣性"媒介，具有超越时空限制、方便、快捷、隐私性等特性，非常适合在重大突发风险事件情境下开展心理危机干预。具体而言，广播能够通过热线电话、音乐抚慰与心理专家辅导等形式来为公众提供及时的心理危机干预。

[①] 陈雪峰、傅小兰：《抗击疫情凸显社会心理服务体系建设刻不容缓》，《中国科学院院刊》2020年第3期。

第一，广播作为一种私密性媒介，非常适合一对一的心理辅导。在重大突发风险事件发生后的第一时间，许多广播电台会开通热线电话服务，邀请心理专家为受灾群体提供专业的心理咨询。并且，广播能够克服时空限制，让无法到达现场的心理咨询师借助它来为公众进行及时的心理安抚。2003年SARS流行期间，为了减少人与人之间的交往而引发的交叉感染，热线电话成了最为高效和迅速的心理援助方式。众多广播电台都在第一时间邀请心理专家来为公众进行心理援助。SARS暴发期间，北京地区的心理咨询热线为成千上万的市民提供了及时的心理援助。

第二，广播是一种"伴侣性"媒介，具有情感抚慰的功能。心理学研究表明，处于危机状态的公众对声音有异常的敏感性，他们会对有吸引力的声音极度渴望。在灾难发生后，广播电台可以通过舒缓的音乐、温情的有声语言来抚慰公众的受伤心灵。2008年汶川大地震发生以后，成都交通广播电台不到半小时便恢复播出，虽然其间曾两次中断，但是"我们和你在一起"却始终在特殊时期扮演着独特的角色。① 中央人民广播电台针对地震灾区的少年与儿童，特别推出了一档心理疏导节目——"同在星空下——送给地震灾区的孩子们"。在这个节目中，中央人民广播电台基于广播媒介的陪伴性特征，以轻松愉快的对话、温情脉脉的朗诵、舒缓动听的乐曲和干劲十足的歌声，给予了灾区儿童心灵上的慰藉。②

2. 电视媒介与心理危机干预

电视媒介具有辐射力广、影响力强的特性。重大突发风险事件暴发期间，面对心理咨询师不足的困境，电视台能够发挥强大的舆论影响力，满足普罗大众对心理抚慰的需求。

一方面，电视台会通过即时、全面、理性的新闻报道，减少公众在灾害期间获得信息的不确定性并缓解其恐慌感；同时，电视媒体也会在日常报道中融入心理知识的科普，借此来缓解公众的紧张情绪并增强其自救能力。

---

① 王宇：《论公共突发事件中广播应急媒体的特殊作用》，《现代传播（中国传媒大学学报）》2008年第4期。
② 郭小平、石寒：《地震灾害、创伤记忆与媒体的"心理危机干预"》，《成都理工大学学报》2010年第4期。

另一方面，电视台会邀请心理专家来到节目现场，为观众带来心理健康知识的科普并提供专业的心理咨询。在汶川地震过去15天的时候，中国教育电视台播出了《危机与灾难心理援助》特别节目。该节目邀请了灾害心理专家，为受灾群体、救援工作者以及观众科普了危机情境下的心理援助知识。这种形式的节目能够有效减轻受灾群体的心理性创伤，并引导社会大众正确地面对灾难。媒介化的心理援助旨在"消除负面情绪与型塑社会安全感"。①

（三）灾难的广播电视心理重建

灾难重建不仅包括物理空间的重建，也包括心理空间的重建。其中，电视媒介能够在灾难的心理重建过程中发挥出特殊功能。克特·W.巴克（Kurt W. Back）认为，"大众媒介，尤其是电视，不仅对态度形成起作用，而且对态度改变也起作用"。② 冷静、理性与深刻的电视灾难报道能够发挥出潜移默化的心理援助作用。

电视媒介可以打造"情感共同体"来重建受灾居民的精神世界。戴维·莫利（David Morley）、凯文·罗宾斯（Kevin Robins）认为，在快速现代化的发展过程中，人类追求社会群体感、传统感、身份感与归属感的欲望越来越强烈。为此他们会去局部性的地域意识与认同意识中寻找安慰。③ 在巨大的心理创伤面前，广播电视媒体构建"情感共同体"具有天然的媒介优势，它们能最大限度地整合、动员和集中舆论的力量，发挥出团结大众、凝聚民心的作用。④ 例如，抗疫纪实影像作为国家相册的记录，能够发挥促进社会整合和共意动员的功能。⑤

---

① 郭小平：《论自然灾害中广播电视的抚慰作用》，《现代视听》2010年第8期，第25页。
② 〔美〕克特·W.巴克主编《社会心理学》，南开大学社会学系译，南开大学出版社，1984，第313页。
③ 〔英〕戴维·莫利、凯文·罗宾斯：《认同的空间——全球媒介、电子世界景观与文化边界》，司艳译，南京大学出版社，2001，第4—6页。
④ 韩鸿：《亟待加强灾后重建中的舆论引导和内生性媒介建设——基于震后灾区农村的调查》，《电视研究》2009年第5期。
⑤ 何天平、宋航：《作为"国家相册"的话语实践：框架分析视野下抗疫纪实影像对中国国家形象的建构》，《当代传播》2022年第2期。

二 数字化的心理援助

新媒介技术的发展促使媒介化进入一个新的发展阶段——深度媒介化（Deep Mediatization）。在此阶段，媒介已成为社会互动的基础设施。相比起广播与电视媒介，数字媒介以更显著的方式影响重大突发风险事件的心理援助。在线群聊、小程序、共享文档、二维码等传播技术多样体丰富了心理援助的开展形式，革新了心理援助的发展阶段。新冠疫情期间，当公众隔离在家不能正常行动时，数字媒介被视为提供心理援助的必要手段。新媒介技术的使用提升了我国心理援助的组织性、系统性和专业性，促进了心理援助的规模化形成，"互联网+心理援助"成为我国心理援助发展新阶段的显著特点。①

（一）数字化的心理急救

心理急救（Psychological First Aid，简称 PFA）指的是在灾难发生后的最初几个小时内，为帮助个人和家庭而做出的心理辅助行动。它旨在减少灾难带来的初始痛苦，满足受灾群体当下的现实需求，鼓励他们及时调整心理状态并积极应对灾难。心理急救包括六项核心原则：促进安全（Promote Safety）、平静（Calm）、联系（Connectedness）、自我和团体效能（Self and Group Efficacy）、希望（Hope）与帮助（Help）。② 社交媒体平台提供的信息性支持（Informational Support）能够促进心理急救的开展，帮助受灾群体及时解决困难。灾难发生后第一时间，社交媒体平台能够被众多用户快速、持续地更新，这些更新能够为受灾群体提供及时且重要的信息。基于社交媒体平台形成的信息性支持可以作为心理急救的来源，提高当地社区的抗灾韧性。③

---

① 张仲明、覃树宝：《我国心理援助的发展阶段和体系建构》，《西南大学学报》2021年第1期。
② S. Burke, J. Richardson, S. Whitton, "Psychological First Aid: An Australian Guide," Joint Publication of the Australian Psychological Society and Australian Red Cross, 2013.
③ M. Taylor, G. Wells, G. Howell & B. Raphael, "The Role of Social Media as Psychological First Aid as a Support to Community Resilience Building," *The Australian Journal of Emergency Management*, 27 (1), 2012, p. 20.

（二）数字化的心理危机干预

心理危机干预的开展可分为"个别进行"与"团体实施"两种方式。一方面，数字媒介可以采取多种形式为公众搭建心理援助平台，为公众提供一对一的专业心理辅导；另一方面，借助新媒介技术的连接功能，数字媒介可以提供一个社会支持网络为公众提供情感支持。

1. 个体层面：数字媒介、心理援助平台与心理危机干预

早在2008年汶川大地震期间，为了解决心理咨询工作者与心理援助求助者供求关系的不平衡问题，中国科学院心理研究所开发了基于移动通信设备的心理服务系统，并将其运用于灾后的心理援助工作中。① 该心理服务系统包括心理测试、测试反馈与心理辅导等功能，能够在同一时间实现一对多的心理咨询，极大地满足灾害期间公众对心理援助的海量需求。

新冠疫情期间，"学习强国"App与北京师范大学心理学部、教育部华中师范大学心理援助热线平台、中国心理学会、中国科学院心理研究所等机构，合作推出了一个在线"心理援助平台"。郑州"7·20"特大暴雨发生以后，河南省精神病医院创建"心理援助云平台"，为公众提供一对一的专业心理咨询服务。该平台能够支持求助者通过语音、文字等多种形式向心理咨询师表达个人诉求。京津冀特大暴雨期间，志愿组织"iWill"为灾区老年人、儿童、残障人士、孕妇和特殊困难群体提供线上的社会心理疏导；"简单心理"公众号创建了一个小程序，为受暴雨影响的公众提供免费的心理疏导。重大突发风险事件暴发期间，小程序、公众号、App等媒介提供了以多种形式搭建的心理援助平台，在一定程度上修复了公众的心理性创伤。

2. 集体层面：数字媒介、社会支持网络与心理危机干预

重大突发风险事件会使得人与人之间的联系断裂，影响社会的凝聚力。社交媒体有能力在灾难发生后的第一时间帮助受灾群体建立多层次的正式和非正式的社会网络，丰富他们的社会支持来源与种类。

社交媒体可以将受灾群体与他们的朋友、家人，以及关注灾难事件的

---

① 刘正奎等：《我国灾害心理与行为研究》，《心理科学进展》2011年第8期。

外部人士（救援队、志愿者、医生、心理学家、媒体从业者、社会组织、政府官员）联系起来，从而为其提供丰富的社会支持资源，其中就包括情感性支持（Emotional Support）。在2020年的新冠疫情防控中，互联网平台（阿里、腾讯、京东等）与互联网医疗公司（微医、好大夫、春雨医生等）整合社会资源，为公众的心理咨询、社会的情感治理提供技术支持。互联网行业不仅提供心理咨询服务、促进社会网络支持，还开展心理知识的科普传播，从而平抑社会情绪、促进公众形成科学的风险认知并减少其非理性行为。2021年郑州"7·20"特大暴雨应急响应期间，大学生李睿创建的"救命文档"在短时间内鼓励不同层面的个人、群体和组织发挥自身优势，快速形成了一个多元参与的社会支持网络，并为受灾群体提供了情感性支持。来自全国各地的网友在这个"救命文档"中，向受灾群体表达关心、同理心、同情心和信任。这种情感支持有效促进了受灾群体的心理修复。

三 智能化的媒介心理援助

A.赫普（A. Hepp）认为，在深度媒介化阶段，算法、数据和人工智能的分析对于理解社会世界至关重要。[1] 在数字化浪潮的背景下，智能媒介开始出现。不同于广播、电视与社交媒体平台，智能媒介从某种程度上说改变了心理援助的内核。在传统的心理援助中，心理咨询师与求助者进行面对面的互动，感知理解和改变的双方参与者都是人类。

马克·德兹（Mark Deuze）在"液态现代性"（Liquid Modernity）理论的基础上提出了"液态媒体"（Liquid Media）概念。他认为，在"流动的生活"（Liquid Life）中，媒体变得"无处不在，成为我们不断混淆日常生活范畴（公共与私人、地方与全球、个人与集体）的基石"。[2] 随着媒介不断深度嵌入人类的日常生活，以媒介作为中介的心理援助开始不断扩展。然而，无论是广播电视还是社交媒体平台，媒介始终是作为一个中介物来连接人与人之间的关系的。但智能媒介的出现打破了心理

---

[1] A. Hepp, *Deep Mediatization*, Routledge, 2020, p.6.
[2] M. Deuze, "Media Life," *Media, Culture & Society*, 33 (1), 2011, p.137.

援助背后凝结的"人—人"关系，人类心理咨询师由人工智能心理咨询师替代。新冠疫情的发生让许多人都出现了不同程度的心理问题。在此期间，浙江连信科技公司上线了一款智能心理服务机器人——"武汉心理援助小天使"，专门为当时疫情严重的武汉地区市民提供心理辅导。这款机器人有科普心理知识、进行减压游戏、心态评估、在线自助心理咨询等功能。截至2020年3月18日，总计有近40名武汉用户使用过这款机器人。智能媒介以特定的方式影响了重大突发风险事件心理援助的内核，心理援助背后凝结的行动者关系从"人—人"转变为"人—技术"。人机互动与线上连接，为心理危机干预提供了替代性的社会联系和社会支持。

结　语

新媒体时代，情感治理已成为社会治理的重要维度。媒介化的心理援助，为重大突发事件的个体情绪、群体心理与社会心态治理提供了一种心理学视角与范式。积极心理学指引的建设性新闻报道，社交媒体的个体情绪缓解，智能技术自动探测、识别与干预的心理风险，邻里互助与志愿者构筑的社会支持网络拓展了数字时代的社会心理服务体系。

数字技术不断地形塑并改变媒介的形态、业态与生态，也为媒介参与重大突发风险事件的心理援助提供了新的技术支持。从热线电话、广播电视、社交媒体到AI机器人，从App、微信公众号、微信小程序到跨平台互动，从心理咨询、风险沟通到语音陪伴，从在线预约、语音/视频咨询、心理测评到AI聊天，从急性应激障碍、适应性障碍到替代性创伤，技术媒介不断丰富心理援助的体系建构，也推动了中国应急传播体系的建构及完善。

灾后心理危机看似个体的心理危机，其实是社会性的公共危机。虽然数字中介化的心理援助依然不能代替现实的、面对面的心理支持与心理疏导，突发风险事件的媒介化心理援助是对传统面对面心理辅导、危机干预不足或缺失的重要补充。安东尼·吉登斯（Anthony Giddens）指出，抵御焦虑的"情感疫苗"是"一种保护，以抗拒未来的威胁和危险的，这种保护使得个体在面对让人消沉的境遇时还能保有希望和勇气"。① 线下心理疏导与线上心理咨询的互动、邻里互助与社会组织的互构、专业心理治疗与媒介化心理援助的互补构筑了风险社会的心理支持网络，提升了心理危机应对的社会韧性。

---

① 〔英〕安东尼·吉登斯：《现代性与自我认同：现代晚期的自我与社会》，赵旭东、方文译，生活·读书·新知三联书店，1998，第44页。

媒体分类视角下体育事件中的情绪样态和治理特征[*]

——以东京奥运会中国女排微博舆论场为例

张 帆 刘志杰[**]

摘 要 本文以东京奥运会中国女排赛前、赛中、赛后的微博网民情绪表达为切入点,侧重传播主体属性差异,分析新闻媒体、专业性媒体、意见领袖等在微博舆论场中所产生的情绪治理效果。在媒体分类视角下,利用细粒度情感分析进行情绪分类及社交网络分析,借助 LDA 主题模型划分归因主题,立足层级归因探寻网民情绪来源;细致描绘重大体育热点事件从过渡期、预热期、高潮期至平息期我国网民在社交媒体平台中情绪阶段性变化样态,旨在展现各类媒体在社交网络平台中的情绪治理特征,评估情绪治理效果,以期为重大体育热点事件互联网情绪治理的研究与发展提供可行性路径。

关键词 中国女排 微博博主 情绪治理 媒体分类

在中国体育事业发展的历史长河中,中国女排作为不可或缺的中坚力量,在诸多国际赛事中收获了国际影响力、荣誉及尊严,在国内更是获得了国民级的关注。她们对增强中国体育文化软实力、传播和发展体育事业起到了添砖加瓦的作用。在此次东京奥运会赛前,我国媒体长期对女排进行形象建构,使微博中与中国女排相关的话题及预热报道等备受网民瞩目,然而比赛期内女排三连败止步小组赛,提前退场的结果出乎微博网民的意

---

[*] 本文系教育部人文社会科学研究青年基金项目"人机属性对智能新闻生产模式的影响机制及优化路径研究"(22YJC860035)的阶段性研究成果。

[**] 张帆,湖北大学新闻传播学院教授,博士生导师,副院长;刘志杰,湖北大学新闻传播学院硕士研究生。

料,相关微博话题的阅读量达9亿人次,在整个赛程期内形成了短暂而强大的媒介舆论景观。

在微博舆论场域中,作为传者的博文发布主体在碎片化、分散式的信息流中精准垂直地为其受众投放丰富多元的内容,传受双方形成了一种广泛联系、紧密互动、相互依存的网状式社交网络结构。而不同领域、不同专业、不同立场的信息发布主体依据其自身属性在女排相关话题的延伸交互中各有侧重,形成差异化传播格局,助推了网民情绪的多元表达,并产生了一系列复杂的媒介情绪效果及影响,最终形成了体育赛事独有的跨界互动、共景围观的情绪传播生态。

一 文献综述与问题提出

(一)多元视域:体育传播的情绪特征研究

情绪传播是一种客观存在的现象,与新闻传播相伴而行,情绪本身也是舆论的重要组成部分。[1] 近年来,媒介与体育的"联姻"铸就了体育赛事全球化的神话,以奥运会、世界杯为代表的体育热点事件成为媒体争相报道的焦点,[2] 与体育热点事件相伴相生的网民个性化、情绪化表达愈加凸显,极易造成网络情绪聚合、极化等现象,由此也引发学界、业界诸多专家学者的关注和深度剖析。

基于体育传播在现代社会中的新特征,吴小坤着眼于体育传播在社会价值重构过程中的作用,探析体育文化传播在个体及群体层面的影响,包括对微观个人情感、审美感知、价值判断以及宏观层面的民族文化、生存状态等方面的深层映射。[3] 而在新媒体语境下,体育领域作为社会子系统,也成为危机传播中的高风险地带。有学者针对大型体育赛事危机情景的受众情绪进行研究并指出,受体育本身的情感性特征以及体育迷的碎片化媒

---

[1] 赵云泽、刘珍:《情绪传播:概念、原理及在新闻传播学研究中的地位思考》,《编辑之友》2020年第1期。
[2] 徐磊、王庆军:《体育热点事件中网络情绪表达的社会文化归因及其影响因素——以2020年孙杨兴奋剂判罚事件为例》,《体育与科学》2021年第6期。
[3] 吴小坤:《体育传播与社会价值重构》,《体育科研》2007年第6期。

介使用习惯等因素影响，体育危机情景下的情绪极化现象变得愈加普遍。①卢兴则在微传播视域，基于体育热点事件的微博传播关键节点进行实证研究，揭示了影响体育事件新媒体传播的重要因素，即微博发布者身份类型、微博热帖的类型及呈现形式等，并得出了理性传导增强与群体极化式微的结论。②

此外，社会情绪更多是被唤醒的，"唤醒"的含义是生理或心理被吵醒或是对外界刺激重新产生反应。③ 高唤醒度意味着生理性唤醒特别强烈，并且在一定程度上生理性唤醒大于认知式唤醒，而低唤醒度与之相反。"人是传播的动物"，具有较高唤醒度的情绪需要宣泄的渠道，并且往往与理性意见相互契合，通过各种表达渠道进行传播。④ 网络的隐蔽性和匿名性使网民参与时，经常一反常态，转化成无意识的群体心理，偏向接受偏激的观点，要么全盘否定，要么全盘肯定，出现"广场效应"，进而对某一体育事件夸大其词，群情激奋。⑤ 并非只有获胜才能给受众高强度情绪体验，实际上，比赛失利往往唤醒的情绪程度更高，情绪体验也更强。⑥

基于过往研究内容，本文提出了下列研究问题。

问题1：中国女排连败作为一种体育危机事件，是否引发了群体极化现象？

问题2：中国女排舆情事件中人们是否产生较为偏激的群体心理，网民情绪是否以高唤醒度情绪为主导？

（二）效果及影响：情绪因子衍生的归因分析及情绪治理

情绪认知理论主张情绪产生于个体对刺激情景的反应或者对事物的评

---

① 周榕、陈依云：《新媒体时代的情绪传播及危机应对——以大型体育赛事中的危机情景为例》，《新闻与写作》2021年第2期。
② 卢兴：《体育热点事件微传播特质研究——基于微博传播关键节点的实证分析》，《上海体育学院学报》2016年第4期。
③ 李洋等：《面向突发事件网络舆情的社会情绪唤醒综合评价与疏导策略研究》，《情报资料工作》2020年第6期。
④ 洪宇翔：《风险视角下网络空间社会情绪的形成和干预》，《浙江学刊》2017年第4期。
⑤ 俞鹏飞等：《网络体育舆论的构成形态、极化传播及其引导策略》，《沈阳体育学院学报》2019年第4期。
⑥ 毕雪梅、黄芦雷娅：《媒介实践与技术创新驱动下的观赏体育崛起及影响——首届体育赛事传播国际论坛综述》，《北京体育大学学报》2020年第6期。

价，影响因素包括环境刺激、生理状况以及认知过程。① 其中，认知过程因素里包括沙赫特提出的两因素情绪理论，也被称为情绪归因理论。它解释了认知归因对人的情绪是如何产生作用的，即在环境的刺激下，个体通过解释自身出现的生理情绪状态变化后，产生最后的情绪。② 1969年，美国社会心理学家海德将人类的行为归因归纳为两类：内向归因以及外向归因。前者是指行为产生的原因被归为个人的特征，如能力、性格、态度等；后者是指将行为产生的原因归为所处的环境或者面临的客观情况，如任务、他人或社会环境。③ 1973年，凯利提出的三维归因理论对归因评估维度进行了延伸，将行为归因归纳为行为者、刺激物以及行为产生环境。④ 本文将采取二类归因法探寻微观视角下的网民行为动机。

网络情绪和社会文化建构是双向的，⑤ 社会文化会影响网络情绪的生成，情绪也对社会文化产生重构作用。探究女排事件情绪归因的特殊性就在于女排精神作为一种社会文化在我国产生了巨大的社会效益，这种精神易对我国网民情绪产生巨大影响，网民情绪的归因也会展现社会文化的流变。徐磊等人在社会文化建构等宏观层面上，对孙杨兴奋剂判罚事件进行了网络情绪归因分析。⑥ 其在归因的影响因素上肯定了用户主体以及意见领袖等维度对归因具有相当程度的影响，但没有从微观角度针对事件做实证分析。周莉等人在反腐的议题中进行了微观因素的归因分析，强调了贪腐主体的个人因素是人们产生负面情绪的主要原因。⑦

关于中国女排的既往研究证明，网民在女排议题上存在着群体极化的

---

① 张海涛等：《突发公共卫生事件中用户情绪演变的关键因素及影响机理》，《情报科学》2020年第7期。
② 邓春林等：《基于情绪归因理论的突发事件微博用户情绪演化分析》，《科技情报研究》2021年第3期。
③ S. O. Lilienfeld et al., *Psychology: A Framework for Everyday Thinking*, Pearson College Division, 2010.
④ 乐国安：《社会心理学》，中国人民大学出版社，2013年。
⑤ 徐磊、王庆军：《体育热点事件中网络情绪表达的社会文化归因及其影响因素——以2020年孙杨兴奋剂判罚事件为例》，《体育与科学》2021年第6期。
⑥ 徐磊、王庆军：《体育热点事件中网络情绪表达的社会文化归因及其影响因素——以2020年孙杨兴奋剂判罚事件为例》，《体育与科学》2021年第6期。
⑦ 周莉等：《反腐议题中的网络情绪归因及其影响因素——基于32个案例微博评论的细粒度情感分析》，《新闻与传播研究》2018年第12期。

现象。王晓晨等人以"2019年女排世界杯"为例，进行微博评论文本统计与分析，发现体育赛事网络舆情具有明显的阶段性情感演化特征，易形成极性观点等结论。① 王晰巍等人以新浪微博"里约奥运会中国女排夺冠"话题为例，搭建贝叶斯情感分析模型，通过对移动网络用户的情感演化进行量化研究，分析得出新浪微博用户对该话题主要呈现正向情感，且不同地区网民情绪抒发的程度不尽相同。② 此前，得益于媒体对"女排精神"集体记忆的建构和女排的正面赛绩，网民情绪呈现稳定向好的局面。而此次事件的研究价值在于，同样在集体记忆建构的影响下，中国女排战败后的情绪治理是否能一如既往般顺利？

基于上述研究内容，本文提出了下列研究问题。

问题3：中国女排战败后，我国媒体情绪治理效果如何？

问题4：女排事件的负面情绪主要归因是什么？归因的规律与女排情绪的产生是否有强相关性？

问题5：女排事件中媒体类型和网络情绪的产生有何种关联？

二 研究设计

（一）数据采集与数据清洗

本研究以2021年东京夏季奥运会期间新浪媒体舆论场中与中国女排相关博文的不同发布主体和网民评论样本为研究对象，根据中国女排赛事动向的变化，选定2021年6月21日至2021年8月8日为研究的时间区间。在微博平台上通过"中国女排"关键词进行内容检索，辅以"时间区间""热门博文"等筛选条件，采用网络爬虫工具对予以显示的所有热门博文及其一级评论进行抓取，采集字段包括博文内容、发布用户、点赞量、转发量、参与评论的网民、评论内容及时间等，共采集到博文2956条及评论306722条。随后将收集的所有博文按发布日期正序排布作为总体样本集，

---

① 王晓晨等：《体育赛事网络舆情的传播特征研究——基于2019年女排世界杯的文本情感分析》，《成都体育学院学报》2020年第5期。

② 王晰巍等：《基于贝叶斯模型的移动环境下网络舆情用户情感演化研究——以新浪微博"里约奥运会中国女排夺冠"话题为例》，《情报学报》2018年第12期。

分别以20条与7条为间隔对博文进行两次等距抽样，去掉重复博文后将保留的每条抽样博文点赞量最高的前十条网民评论纳入分析。若抽样的博文评论量不足十条，则仅将实有评论纳入抽样集。经抽样和数据清洗后，最终将得到的552篇博文和对应的4181条评论作为本文的研究数据。

（二）传播主体类型及事件发展周期界定

基于体育赛事的属性特点，参考新浪微博的用户认证方式，本文将女排事件中出现的信息传播主体划分为6种类型，即新闻媒体、政务媒体、专业性媒体、社会组织、意见领袖和普通网民。其中，前五类主体均是微博认证的官方用户。新闻媒体包括各种传统媒体及新兴媒体在微博平台开设的媒体账号，包括"人民日报""新浪新闻"等；政务媒体是由各级政府部门主办的官方账号，包括"保定检查""成都发布"等；专业性媒体囊括微博认证传播主体中具有体育性质的账户，且不再重复归类到其余主体的范畴中，包括"新浪排球""央视网体育"等；社会组织类别下多为企业、公司、学校和协会等组织机构开设的微博账号，包括"咪咕视频""淘票票"等；意见领袖则是具有较多粉丝量、较强传播力和影响力的"黄V或红V"个体微博认证用户。而普通网民是指未经微博平台认证的普通网友。

信息存在生命周期，其运动方式具有循环往复和规律性的特征。[①] 微博上网民的情绪表达是舆情的重要表现形式，同时情绪作为一种信息，蕴含周期变化特征和内在规律。因此，为探究不同类别的信息传播主体在事件中不同时点的表现差异及价值变化，本文参考事件顺序和重要节点，将女排事件舆论期划分为过渡期、预热期、高潮期和平息期四个阶段。过渡期为6月21日至7月4日，该阶段中国女排结束世界女排联赛赛程，回国备战奥运，网民讨论指数较为平稳；预热期为7月5日至7月24日，将女排奥运出征阵容公布的当天作为该时期的开端，将中国女排首赛的前一天作为结尾，其间诸如"中国女排举行出征仪式""中国女排抵达东京"等话题不断吸引网民的关注；高潮期为7月25日至8月2日，包含了中国女排的全部赛程，中国女排比赛多次失利，到女排3比0完胜意大利与阿根廷但无

---

① 索传军：《试论信息生命周期的概念及研究内容》，《图书情报工作》2010年第13期。

缘 8 强，这一时期网民讨论量呈指数级上升，舆论场充斥着多元复杂的情绪；平息期为 8 月 3 日至 8 月 8 日，该时期包含女排赛程结束到东京奥运会闭幕，网民情绪逐渐平稳。

（三）研究方法

1. 情绪分类：细粒度情感分析

本文采用细粒度情感分析和情绪归因分析的研究方法，结合女排事件的背景，探讨女排事件中不同信息传播主体的微博评论场域下网民的情绪表征及情绪归因分布。在细粒度情感分析的操作层面，本文参考了大连理工大学的情感词汇本体库，将情绪分为好、乐、怒、哀、惧、恶、惊、中立八大类，添加了无显著情绪倾向的"中立"类别，同时将骄傲情绪因素归于"好"情绪大类中。在唤醒度层面，本文参考了罗素（Russell）在 1980 年划分的情绪唤醒度表格，① 将"好""怒""惊"划分到高唤醒度情绪，"乐""哀""惧""恶"划分到低唤醒度情绪。

以每条评论为单位，本研究的编码由三名打标员人工标注完成。在正式标注样本集之前，首先对统一培训后的三名打标员进行信效度检验。三名打标员对随机抽取清洗后的 500 条评论数据同步进行标注，标注完毕后进行核对。同条评论标注出现差异时则进行讨论统一，若讨论后无法达成一致则由语义分析专家判定最终结果。经过三轮信效度检验和提升优化后，三名打标员的分类重合率接近 90%。在本文中，基于大规模语言模型的情绪分类准确率达 83%，归因分类准确率达 81%，具有较高的信度。

2. 层级归因：搭建情感归因主题体系

本研究中情绪归因的具体维度，结合社会网络分析和 LDA 主题模型两类方法，对评论语料进行处理提炼后得出。社会网络是各节点（行动者）关系结构及属性组成的集合，将网民评论语料进行数据清洗和中文分词，分词在网络中充当节点角色，分词之间的共现频次作为关系连接。计算分析出分词的中心性及关系网络密度，构建共词矩阵并绘制社会网络拓扑图，观察出各高中心度分词之间的联系强弱以作归因参考。LDA 主题模型是一

---

① N. Lim, "Cultural Differences in Eemotion: Differences in Emotional Arousal Level between the East and the West," *Integrative Medicine Research*, 5, 2016, pp.105-109.

款常见于 NLP 分析领域的文档主题生成模型,多被用于文本语料的主题聚类。该模型包括文档、主题、词汇三层结构,其运作原理是一个逆推导的过程,以一定概率为设定好数量的主题不断抽取分词,直至遍历评论语料中的所有中文词汇则终止运行,输出结果,并根据 LDA 核心公式对结果迭代优化,最终选取模型困惑度最低的主题数及其词汇分布,根据主题词汇分布还原网民讨论的主要内容。综合网民的议题和评论分词的关联性,提取出情绪归因的具体类目。

本文根据博主的类型,划分不同博主评论区下网民的网络群,建立起单个的博主评论网络,再将所有网民评论网络集汇总,进行社会网络分析以及通过 LDA 主题模型提取网民评论主题特征,得到了微博网民评论归因的具体维度,分析各维度与微博网民的情感倾向。[1] 根据困惑度公式计算,当主题数量为 15 时,困惑度最低,因此按照 15 的主题数量进行模型训练。确定好主题数量后,按照分词结果进行 LDA 主题模型分析,得到主题词分布表并筛选出每个主题中排名前十的主题词。如表 1 所示,根据词语的数值可知该词与该主题的关联度,即概率越高,该词在此主题中所占的比重越大。

每个单一网民的情绪与其他网民情绪之间都存在一定的关联性,我们可以从网民的文本表达中探寻一定的规律。因此,本文对所有文本进行了关联性与中心性分析。首先,对原始文本进行了关键词与特征词的提取。其次,从图中筛选出高强度的词组,并选取词频前 60 的词组形成了关键词网络结构图。关键词网络结构图可说明词语与词语之间的强度等级,发现网民评论中哪些主题是高强度主题。这些主题强度越强,说明与网民的情绪归因越密切。从图 1 中可以看出,"郎平"处于关键词网络结构图的中心位置,代表网民的评论话语大多数集中于对女排教练的讨论,并根据这个主题向外延伸出其他主题。另外,图中"朱婷"与"加油"两个词语属于话题强关联性词语,除此之外还有"支持""精神""辛苦"等词语属于话题较强关联性词语。

---

[1] 邓春林等:《基于情绪归因理论的突发事件微博用户情绪演化分析》,《科技情报研究》2021 年第 3 期。

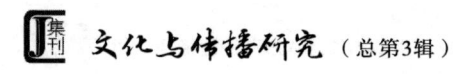

表1 LDA主题分布

主题0	联赛	英雄	精神	厉害	力量	锻炼	归来	朱婷	比赛	教练组
概率	0.068	0.048	0.047	0.047	0.047	0.046	0.046	0.013	0.005	0.004
主题1	广告	问题	离开	全力以赴	公子	实力	大家	郎平	金牌	回来
概率	0.089	0.049	0.045	0.043	0.043	0.043	0.041	0.011	0.007	0.005
主题2	加油	朱婷	丁霞	原因	联赛	常宁	李盈莹	安家	主教练	袁心玥
概率	0.103	0.05	0.043	0.042	0.035	0.034	0.033	0.023	0.023	0.023
主题3	体育	王梦洁	大家	加油	比赛	竞技	朱婷	可爱	收获	遗憾
概率	0.062	0.059	0.008	0.008	0.007	0.007	0.005	0.004	0.004	0.004
主题4	回家	欢迎	伤病	相信	加油	再战	可能	谢谢	接班人	俄罗斯
概率	0.162	0.161	0.064	0.011	0.006	0.005	0.005	0.005	0.004	0.004
主题5	朱婷	关系户	回国	国家队	养伤	加油	希望	相信	夺冠	加油
概率	0.09	0.048	0.047	0.046	0.041	0.012	0.008	0.006	0.005	0.004
主题6	巴黎	郎平	奥运会	培养	荣誉	赢球	国手	希望	训练	期待
概率	0.1	0.051	0.038	0.036	0.035	0.033	0.033	0.028	0.026	0.02
主题7	升国旗	优秀	选手	李盈莹	成长	朱婷	常宁	加油	丁霞	世界
概率	0.053	0.052	0.041	0.031	0.03	0.021	0.019	0.053	0.007	0.006
主题8	治疗	反思	做手术	朱婷	失落	选手	成绩	加油	巅峰	郎平
概率	0.081	0.08	0.078	0.063	0.04	0.04	0.011	0.01	0.007	0.006
主题9	封闭	加油	朱婷	一定	最棒	注意安全	郎平	中国队	做手术	治疗
概率	0.055	0.023	0.017	0.006	0.006	0.006	0.005	0.005	0.004	0.004
主题10	关系户	疫情	名单	姚迪	以后	成绩	王梦洁	希望	感谢	原因
概率	0.171	0.043	0.043	0.042	0.042	0.012	0.011	0.006	0.006	0.005
主题11	王梦洁	养伤	精神	心疼	期待	呐喊	原因	技术	彷徨	云端
概率	0.084	0.05	0.048	0.043	0.042	0.041	0.041	0.041	0.04	0.04
主题12	郎平	队员	球员	甘心	排球	加油	辛苦	yyds	奥运会	朱婷
概率	0.104	0.048	0.044	0.042	0.044	0.039	0.011	0.01	0.008	0.006
主题13	排协	姚迪	常宁	训练	致敬	骄傲	安家	朱婷	状态	付出
概率	0.071	0.064	0.018	0.013	0.01	0.009	0.007	0.007	0.007	0.005
主题14	再战	奥运	球迷	永不言败	记忆	呐喊	彷徨	郎平	加油	成绩
概率	0.07	0.04	0.038	0.038	0.037	0.036	0.036	0.032	0.023	0.017

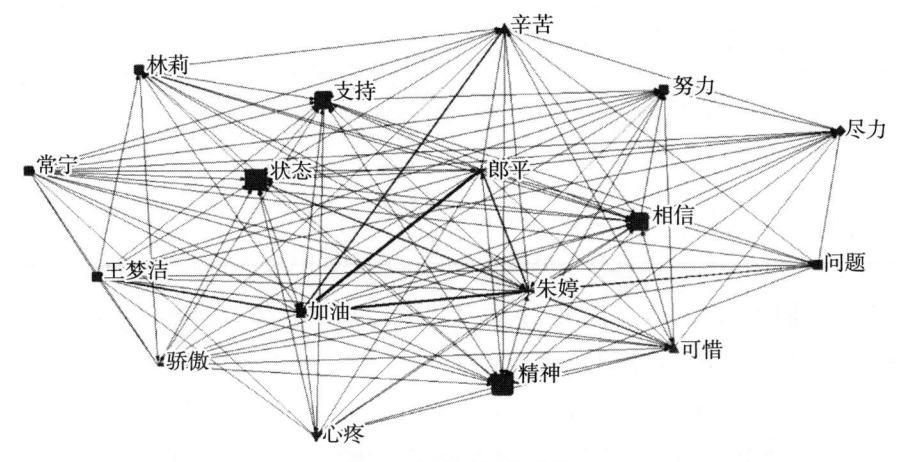

图 1　关键词网络结构

根据以上结果，本文发现微博网民的评论主题分布以中国女排在比赛过程中的人物行为、过程信息等占比较多，也有相当一部分的评论涉及网民观看比赛过程中的感官刺激与内心互动。因此，本文依据海德的归因理论，将评论的一级归因设定为外部归因、内部归因与其他归因。之后根据 LDA 主题模型提取出的主题维度，在一级归因之下设置二级归因。根据社会网络分析结果，再将三级归因补充到二级归因之下，完成了微博网民的评论归因体系（见表 2）。

表 2　微博网民的评论归因体系

一级归因	二级归因	三级归因			例子
外部归因	比赛主体	郎平	朱婷	张常宁	1. 只要上了场，确实每个人都是主力，都要去努力拼搏 2. 自由人，我有种无法言说的痛……那就是王梦洁
	比赛信息	调整	比赛	实力	1. 期待 25 号的比赛，一定要看~ 2. 我们防守很拼，但是攻手不下球怎么办
	历史回顾	输赢	联赛	记忆	日本相对韩国还好点
	商业因素	广告	直播	电影	昨晚跟女排连麦的惊喜嘉宾是丁真，没想到宁静误入连线现场直接"三厨狂喜"，还在现场唱了藏语歌，希望今年中国女排能夺冠

续表

一级归因	二级归因	三级归因			例子
内部归因	同理心	没关系	平安	尽力	每次看女排的比赛都看得热血沸腾并且心疼着
	家国情怀	感谢	加油	致敬	1. 不惧挑战，中国运动员加油 2. 奥运会，中国队加油
其他归因	—	疫情	排协	歌曲	明年冬奥，希望疫情烟消云散。大家可以互相走动

从媒体讨论量分布（见图2）来看，在微博舆论场中拥有较多网民讨论量的三类信息传播主体分别为意见领袖、专业性媒体和新闻媒体。政务媒体、社会组织和普通网民在舆论场中的讨论量较少，仅占研究数据的15.9%。从数量、科学性和研究意义而言，为了探究出体育事件中不同传播主体所引发的网民情绪变化及归因指向的普适性规律，后文将着重分析评论语料数量较多的前三类传播主体。

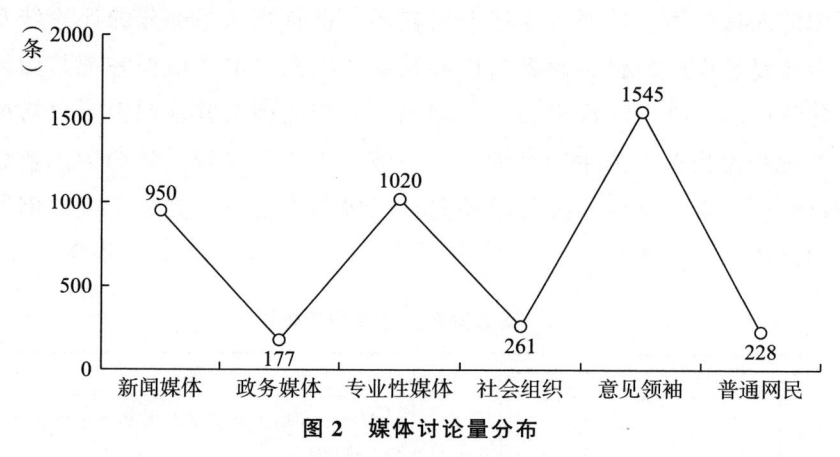

图2 媒体讨论量分布

三 研究发现

（一）宏观调度：网民情绪演变发展特征

1. 网民情绪呈高低唤醒度交叉耦合态势

研究显示，体育媒介事件往往拥有独特的社会属性、国民级的关注度以及共景围观的聚合形态，极易唤醒网民的多元情绪表达，并造成扩散。在此次事件中，新闻媒体发表的言论有85.6%为情绪化，仅有14.4%呈现中立

(见表3),这一结果符合当今后真相时代网民"先情绪后事实"的特点。从效价—唤醒二维模型的维度取向对整体情绪量表进行评估可以发现,不同传播主体引发的网民表达都以正面情绪居多,负面情绪仅占总体的29.9%。这可以回答问题1:中国女排连败作为一种体育危机事件,没有引发群体极化现象。除此之外,网民情绪分布并不单纯以高唤醒度情绪为主导,在正面情绪中以高唤醒度情绪"好"为主,在负面情绪中则以低唤醒度情绪"恶"为主,高低唤醒度情绪交叉耦合贯穿到女排事件的每一个发展阶段。由此,可以回答问题2:中国女排舆情事件中人们没有产生较为偏激的群体心理,即网民情绪以高唤醒度情绪和低唤醒度情绪耦合共存。这一研究发现与过往的研究者观点存在差异。

由于新闻媒体对中国女排本身进行了长期的形象建构,网民对女排形象与精神已产生了根深蒂固的正向记忆,因此,网民在情绪的建构上会受到新闻媒体形象塑造的影响。新闻媒体塑造比赛主体形象的典型报道,在网民的反馈以及情感抒发量上遥遥领先于专业性媒体与意见领袖,如以人民日报、新华社为代表的党媒在《回首东京 寄望未来——专访中国女排主教练郎平》等文章中借助专访和典型报道,营造了"输球不能输人""赢了一起狂,输了一起扛!"的积极舆论氛围,构筑了新时代女排精神新内涵、新风向的媒介形象,鼓舞士气、重整旗鼓,对网民情绪的理性引导、维护公共空间和谐稳定起到关键性作用。因此,女排事件里不论是短期的情绪爆发还是长期的情感维系,正面情绪中以高唤醒度情绪为主、负面情绪中以低唤醒度情绪为主的情况也就不难理解了。

表3 媒体情绪唤醒度

传播主体类型 (高唤醒/ 低唤醒)	高唤醒			低唤醒				中立
	好	怒	惊	乐	哀	恶	惧	
新闻媒体 (2.33∶1)	517条 54.4%	23条 2.4%	29条 3.1%	20条 2.1%	75条 7.9%	146条 15.4%	3条 0.3%	137条 14.4%
意见领袖 (1.98∶1)	785条 50.8%	26条 1.7%	55条 3.6%	94条 6.1%	113条 7.3%	229条 14.8%	2条 0.1%	241条 15.6%
专业性媒体 (1.34∶1)	411条 40.3%	22条 2.2%	59条 5.8%	52条 5.1%	60条 5.9%	243条 23.8%	13条 1.3%	160条 15.7%

2. 长尾效应下媒体情绪治理效果

在女排事件中，媒体情绪治理在事件的预热期乃至高潮期始终发挥着不小的作用，但在事件热度下降的平息期却出现了负面情绪反噬的现象。如图3所示，把整体数据样本放到各发展阶段来看，网民的情感历程表现出负正情绪交融并存、此消彼长的变化态势。在进入高潮期之前，高互动量主体评论区的公众言论以正面积极指向为主，网民表达了对中国女排的美好祝愿和看好，情感氛围祥和，正面情绪与负面情绪的比例为3.58∶1。事件发展到高潮期后，舆论场格局再塑，开始呈现新闻媒体与意见领袖两家评论量独大的局面，受外部赛事结果的影响，所有传播主体的正面情绪占比都有所下滑，正面情绪与负面情绪的比例为1.22∶1。女排赛程全部结束

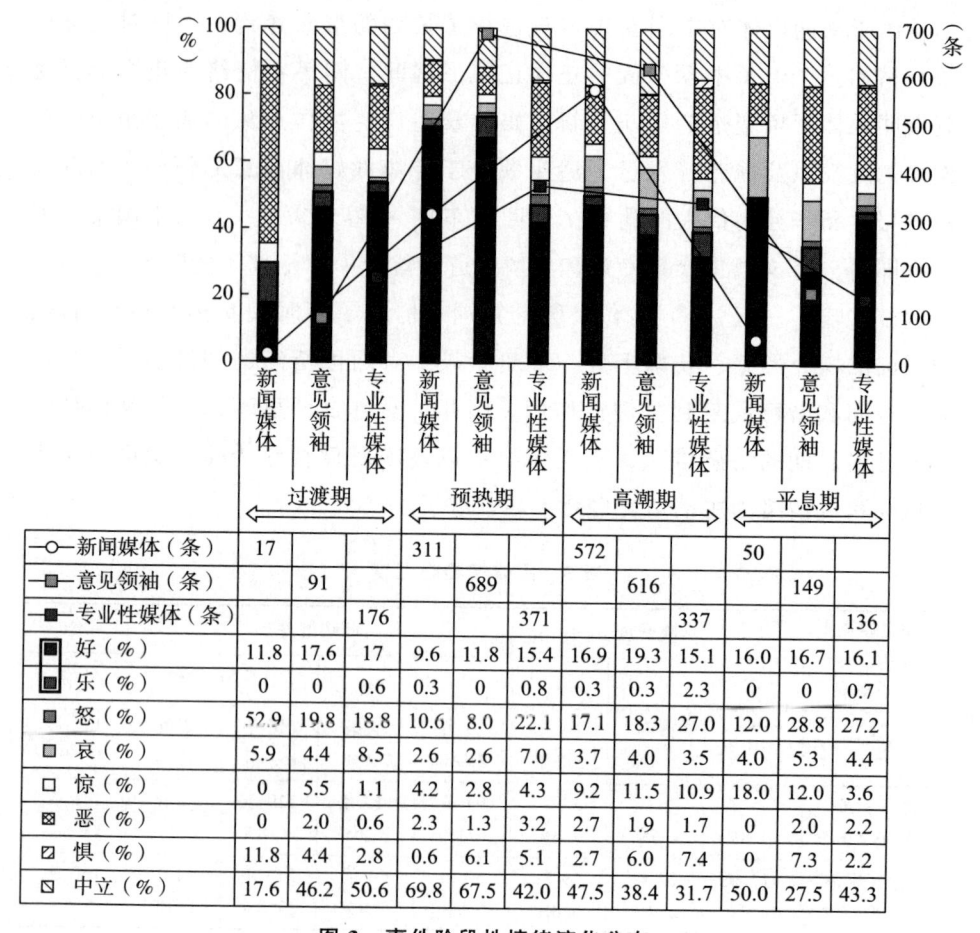

	过渡期			预热期			高潮期			平息期		
	新闻媒体	意见领袖	专业性媒体	新闻媒体	意见领袖	专业性媒体	新闻媒体	意见领袖	专业性媒体	新闻媒体	意见领袖	专业性媒体
新闻媒体（条）	17			311			572			50		
意见领袖（条）		91			689			616			149	
专业性媒体（条）			176			371			337			136
好（%）	11.8	17.6	17	9.6	11.8	15.4	16.9	19.3	15.1	16.0	16.7	16.1
乐（%）	0	1	0.6	0.3	0	0.8	0.3	0.3	2.3	0	0	0.7
怒（%）	52.9	19.8	18.8	10.6	8.0	22.1	17.1	18.3	27.0	12.0	28.8	27.2
哀（%）	5.9	4.4	8.5	2.6	2.6	7.0	3.7	4.0	3.5	4.0	5.3	4.4
惊（%）	0	5.5	1.1	4.2	2.8	4.3	9.2	11.5	10.9	18.0	12.0	3.6
恶（%）	0	2.0	0.6	2.3	1.3	3.2	2.7	1.9	1.7	0	2.0	2.2
惧（%）	11.8	4.4	2.8	0.6	6.1	5.1	2.7	6.7	7.4	0	7.3	2.2
中立（%）	17.6	46.2	50.6	69.8	67.5	42.0	47.5	38.7	31.7	50.0	27.5	43.3

图3 事件阶段性情绪演化分布

后平息期来临,新闻媒体转移报道焦点导致女排相关的评论量大幅下降,网民讨论主要流向专业性媒体与意见领袖,长尾效应之下网民正面情绪与负面情绪的比例为 0.99∶1。在这一时期可看到,负面情绪反噬正面情绪,成为整个事件负面情绪的最高峰。意见领袖与新闻媒体在事件尾声治理的失衡和负面情绪的反噬回答了问题 3:中国女排战败后,我国媒体情绪治理效果较差。

在事件的关键发展时期,意见领袖与新闻媒体拥有较多的评论数据,其信息扩散强度虽大,但对网民的情绪疏导不善,同预热期及高潮期存在较大落差。本文认为,人们的情绪在事件"尾部"可以体现出人们对本次事件的理性看法与观点。虽然目前处于后真相时代,互联网舆论场秉持着情绪先行的原则,导致事件前期的情绪治理是阻止发生群情激奋的关键时期,但事件"尾部"所产生的总体效益从事件发生之后来看甚至高于事件"头部"。安德森认为,网络时代是关注长尾效应、发挥长尾效应的时代。由此,本文着重观察到事件的平息期与预热期、高潮期之间的对比,认为我国媒体需要重视长尾效应下的情绪治理。

3. 外部归因是触发体育赛事中网民情绪的关键因素

从归因理论视角出发,发现网民情绪归因呈现复杂多样的态势。从中国女排的网民情绪归因分析中可得:新闻媒体、意见领袖及专业性媒体的网民外部归因分别占 47.2%、63.2% 及 61.4%(见图 4),远远超过了内部归因及其他归因。从外部归因话题来看,主要为比赛主体话题,其余的话题占比较少。人们的话题始终围绕着比赛选手的一举一动,从传播的仪式观出发解构体育传播中网民与运动员的互动关系,运动员的每一个动作都以运动员为传播主体给现场及电视机前的受众传递信息,这些信息在受众的解码中会产生情感的共鸣。凯瑞的仪式观强调的是情感上的共鸣,当传播主体不断重复信息,受众不断感知信息时自会引发情感上的共鸣,受众对传播主体产生认同感与归属感。① 因此,在体育赛事中运动员的行为会受到网民的强关注。所以在比赛过程中,网民的情绪归因以外部归因为主。而在社交媒体中,各类传播主体在情绪治理上是一种转化网民情绪的过程。

---

① 毕雪梅:《体育关系:体育参与实质、传播关系与互动内涵》,《北京体育大学学报》2015 年第 12 期。

从整体数据来看，新闻媒体的正面情绪达到56.5%，外部归因的占比为47.2%；意见领袖的正面情绪占比为56.9%，外部归因的占比为63.2%。就外部归因与内部归因唤醒情绪的效能来说并没有质的差异。根据统计分析，负面情绪占总体情绪的29.9%。负面情绪中的主要归因来源于比赛主体，而其他归因、比赛信息和同理心也占有较高比重。就此回答了问题4：女排事件的负面情绪主要归因是比赛主体。由此，归因的规律与女排情绪的产生没有强相关性。无论影响网民情绪表达的因素来自外部归因还是内部归因，媒体最终要回归事件发展本身对舆情进行把控，而非笼统地、一刀切式的情绪治理，无休止地打情怀牌。

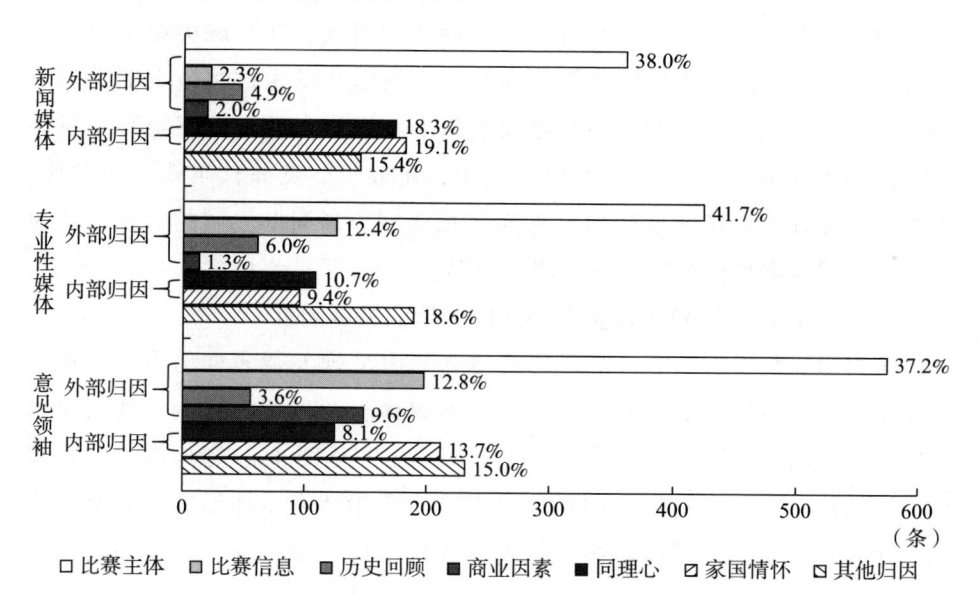

图4 媒体归因总量

（二）微观聚焦：媒体分类下的情绪治理特征

针对问题5：女排事件中媒体类型和网络情绪的产生有何种关联？本文做了如下分析。

1. 新闻媒体凸显专业化职能

新闻媒体在中国女排赛程中，是情绪治理的中坚力量。在前三类传播主体中，意见领袖和新闻媒体的正面情绪占比大致相同，分别为56.9%与56.5%。新闻媒体的发力时刻把握度较好，在预热期正面情绪占比达到了全程观测的峰值水平，新闻媒体和意见领袖的网民正面情绪占比分别高达70.4%、73.6%，且新闻媒体激发了较多诸如骄傲、赞扬类的高唤醒度情绪。高潮期在整个舆情事件中的评论量达到41%，属于网民讨论量的顶峰，也是最容易产生舆情事件的阶段。在事件发展的高潮期，新闻媒体的正面情绪占比高于意见领袖与专业性媒体，且超过了半数，达到了50.3%。新闻媒体在高潮期的话题参与热度持续上升，取得了较好的情绪治理效果，网民正面情绪占50.2%，反超意见领袖的44.4%。信任、自豪等"好"大类情绪仍是多数新闻媒体受众在撰写评论时的情感体验表达，占所有正面情绪的94.4%。从归因分析中可知，新闻媒体的内部归因占比最高，达到了37.4%，而专业性媒体与意见领袖的内部归因占比较低，将新闻媒体的外部归因与大量的内部归因唤醒相联系，新闻媒体擅长通过塑造比赛主体人物形象来唤起人们的共情。由此可见，本事件中新闻媒体善于引发网民正面高唤醒度情绪，即越是在网民情感宣泄的爆发点，其作为媒体的专业性建构以及积极有效的情绪治理的作用则越发凸显。

2. 意见领袖分散转化网民情绪

意见领袖主要依靠多领域的信息覆盖生产多样化的内容，以唤醒或转移人们的多元情绪表达来挤兑互联网的情绪池。意见领袖在主要的三类媒体类型中评论量最多，从事件整体来看情绪治理能力最强，这也足以彰显其在当今社交媒体中的强大影响力，是情绪治理中不可忽视的"战略要地"。意见领袖在社交媒体平台上具有分散性，即每个意见领袖都有不同的垂直领域，在该领域中有固定的受众群体。这就意味着单个意见领袖难以具有广泛性的情绪治理能力，而意见领袖的分散性也致使意见领袖难以形成合力在情绪爆发的时候将治理的效果最大化。此次事件中，意见领袖在过渡期以及预热期都有良好的正面情绪反馈；到了事件的高潮期，意见领袖的正面情绪占比骤减至29.2%；平息期意见领袖依旧主动"前置化"，成为最主要的信息来源，但网民情感明显倾向负面，负面情绪占比（48.1%）再次增长且超过正面情绪占比（34.8%），此阶段可证明情绪治理持续失效。

意见领袖的"高开低走"贯穿于此次事件发展的始末，意见领袖仍未能发挥出良好的情绪治理能力。从归因分析中得知，相较于其他媒体，意见领袖的外部归因占比最高，达到63.2%，而其他归因占比更为平均，意见领袖的内部归因占比较低。由此可见，意见领袖不直接通过触发网民的内部归因治理情绪，而更多是通过转移网民的注意力，采取丰富多样、偏娱乐化的主观内容简单直接地诱导人们情绪的转移。

3. 专业性媒体保障网络情绪稳定

从研究数据来看，最特殊的媒体类型非专业性媒体莫属。专业性媒体的表现与前述两类传播主体相比存在部分差距，其发布博文下的网民正面情绪占45.5%，中立情绪占15.7%。专业性媒体作为体育范畴的行业媒体，涉及领域专一、服务对象明确，理应唤醒更多正面或中立的网民情绪，但从实际数据来看，专业性媒体的情绪治理能力欠佳，其受众的负面情绪占比在这三类传播主体中最高。预热期的负面情绪占比最高，达37.5%，网民的负面表达集中于宣泄厌恶类情绪，且专业性媒体也是在该时期受众正面情绪占比出现负增长的唯一信息传播主体，从整体数据来看专业性媒体没有发挥出应有的作用。在女排事件的发展中，专业性媒体虽然没能激活人们的正面情绪，但专业性媒体的受众情绪反馈波动差值最小。随着事件的线性发展，专业性媒体受众正面情绪的占比呈现上升的趋势。高潮期专业性媒体的受众情绪较稳定，受比赛结果的影响较小，正面情绪占比相较于预热期仅下降8.1%。在平息期，专业性媒体则受长尾效应的影响较小，正面情绪占45.5%，相较于高潮期有回暖趋势，成为三大传播主体中正面情绪反馈唯一呈正增长的传播主体，网民情感态度趋于动态平衡（见图5）。

但在专业性媒体中，比赛内容为网民的主要归因，却难以引发其内部归因，由此可见专业性媒体与新闻媒体之间的共情力唤醒存在差距。

四　结论与讨论

在网络情绪生成上，诸多学者表示不同种类的媒体对网络情绪的产生具有重大的影响。在开放的微博环境下，意见领袖掌握着话语和舆论的主动权，是促使网络情绪生成的关键。① 除意见领袖外，主流媒体具有一般媒体或自媒体所没有的社会资源，应当借助意见领袖和主流媒体对体育危机

---

① 胡启权：《不同强度体育锻炼对提升高校学生心理健康和心理韧性的效果评价》，《中国学校卫生》2019年第1期。

图 5 事件阶段性归因演化分布

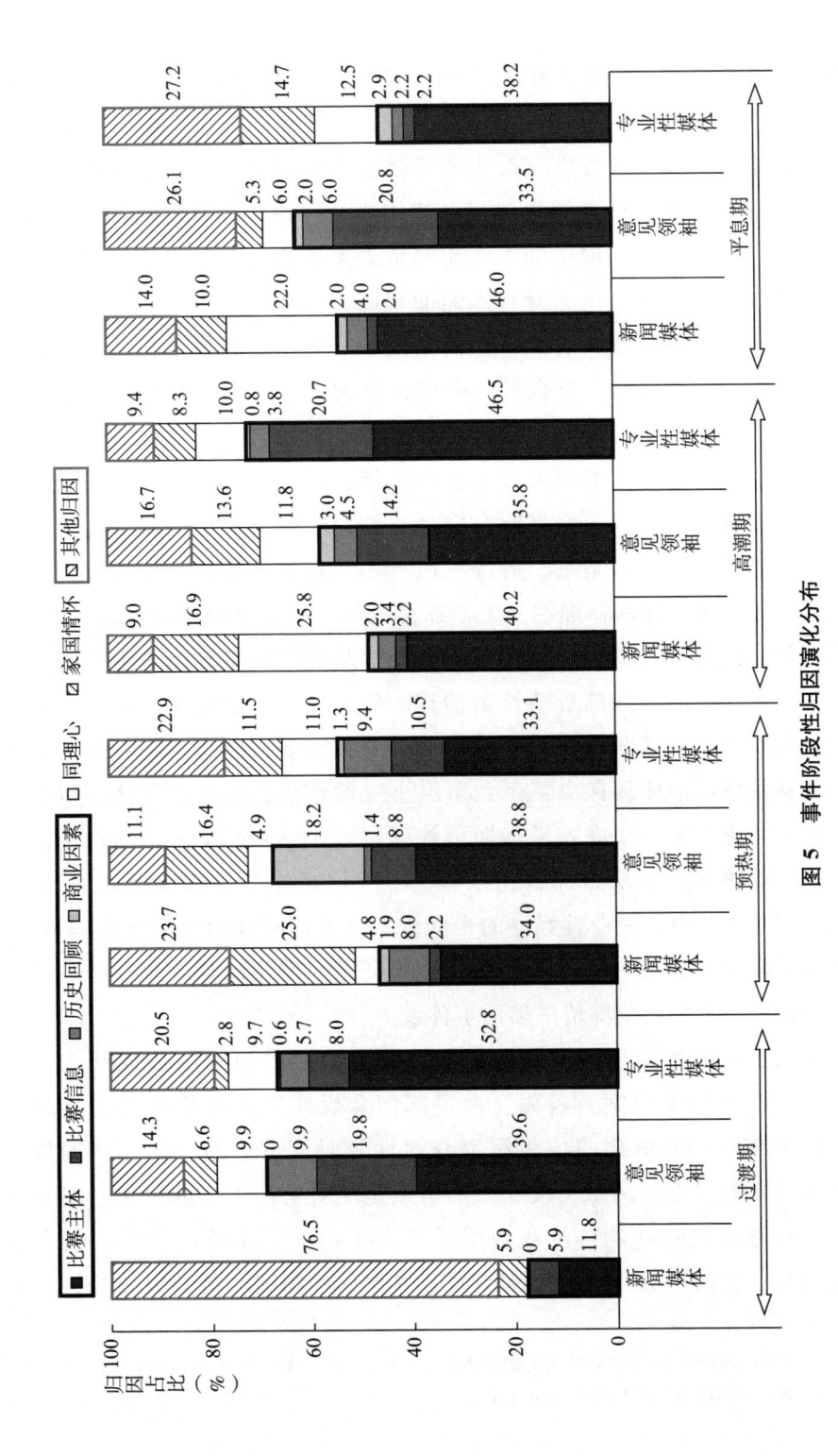

中的公众情绪进行有效的疏解。① 因此，不同分类下的媒体具有不同的属性、功能和立场，对网民情绪的产生、发展演化及治理有着不尽相同的影响。

依据上述研究发现得出三类主要传播主体的特征如下。由于新闻媒体长期以来对女排媒体形象的集体记忆建构较为坚固，在赛程期间，新闻媒体唤醒了人们的内部心理活动。当比赛结束至平息期时，内部归因占比小幅度下降，外部归因占比上升，人们的归因回归到比赛内容，特别是比赛主体上。在女排事件发展阶段中，高潮期最容易产生舆情危机。而新闻媒体通过转化人们的情绪，将人们从外部因素的强关注中转化到对比赛主体的内在共情，使得新闻媒体在高潮期获得了良好的情绪治理效果。但是一味地追求以引发人们共情的方式来治理情绪，在一定概率上会造成情绪的反噬。在后真相时代，人们事后会抛弃感性因子回归理性。从平息期可以看出，新闻媒体的后力不足，内部归因占比大幅度下降，而外部归因占比大幅度上升。当感性回归理性，人们在高潮期积攒的负面情绪依旧会爆发。意见领袖的归因分布呈现分散性与冗杂性。从时间发展脉络来看，意见领袖难以根据事件的发展进行情绪的治理。作为发力最早的媒体类型，意见领袖在激发人们内部归因特别是同理心的方面较弱，结合情绪分析，说明意见领袖的情绪治理具有"雷声大雨点小"的特点。专业性媒体在以上三类传播主体中是唯一在进入平息期后外部归因比重大幅下降，而内部归因比重上升的媒体。虽从整体数据来看，专业性媒体的情绪治理功能不佳，但从归因角度来看，专业性媒体的受众受到女排比赛成绩不佳的影响最小，情绪波动较小。虽然专业性媒体没有达到良好的情绪治理效果，但其受众情绪最稳定，也可避免群情激愤的事件发生。

由此，本研究基于前文梳理的各类媒体中存在的问题及现状，提出了实际应用型对策方案。首先，政府部门和媒介平台进行网络空间舆论及情绪治理时，政府部门应根据媒介属性及时调整策略，依靠新闻媒体在中国民众心目中的高认可度，及时有效地应对负面舆论的产生，对负面情绪进行符合"时度效"的积极引导。为了防止长尾效应发挥后的负面情绪回归，在舆论的监督方面理应拉长舆情的检测期，借助大数据、云计

---

① 周榕、陈依云：《新媒体时代的情绪传播及危机应对——以大型体育赛事中的危机情景为例》，《新闻与写作》2021年第2期。

算等智能技术的加持搭建网民情绪实时追踪平台，合理地分配好官媒的资源与属性，将体育官媒与综合性新闻媒体功能相结合，比如体育官媒长期检测舆论，而新闻媒体则在关键时刻治理舆情，通力合作来防止负面事件对女排精神记忆的影响。

其次，各媒体部门应根据自身功能及定位，针对具体赛事信息、赛事相关主体及网民受众等不同方向搭建媒介框架。官方新闻媒体应在赛事预热期提前占领舆论主阵地，起到良好的舆论空间治理示范作用；在情绪平息期加强对赛事舆情后续的跟进追踪，确保在舆情演化的始终助力网民保持理性平稳的情绪化表达，沉浸式参与消散赛事舆情带来的负面社会影响工作之中。新闻媒体应结合舆情发展适时调整情绪治理策略，防止长尾效应影响治理效果，还应与专业性媒体互补，增加比赛赛事信息的中立分析与表达，培养网民的理性思维，助推延长情绪治理时效。专业性媒体可以在利用自身专业知识技能助力赛事信息精准高效传播的同时，加强与网民的情感沟通，分析网民情绪痛点，在源头上规避较易引爆群体负面情绪的内容传播。

最后，作为市场化发展的商业媒体或意见领袖群体，应平衡报道的商业价值和社会价值，弘扬主旋律，坚守人文关怀等职业准则，避免情绪化煽动和博人眼球的"一次性报道"等。意见领袖作为网络环境中的舆论风向标，在追逐热点的道路上要以社会主义核心价值观为导向，在追逐商业利益的过程中要优先维护国家利益，着眼于塑造同理心强、专业化、理性化的媒介形象，在舆论治理中发挥应有的社会价值，在遵循网络空间规则的前提下，共同做好舆论治理的社会功能体系建设，紧跟新闻媒体的治理方略，减少严肃信息的娱乐化、商业化表达。与网民互动的同时以身作则，让正面的、理性的情绪感染网民，共同维护网络空间的天朗气清。

奥运宣传片中的全球文化景观变迁研究（2008—2024）*

胡 洁 王晓曼**

摘 要 本文以2008—2024年五届奥运宣传片为研究对象，依据全球文化景观理论视角，采用内容分析法，考察了奥运宣传片中的全球文化景观变迁特点。研究发现，这五届奥运宣传片呈现的全球文化景观各有侧重，北京奥运宣传片和巴黎奥运宣传片均重视人文景观的呈现，前者重在凸显中华优秀传统文化，后者广泛传播文学艺术；里约奥运宣传片和东京奥运宣传片增强了族群景观呈现，前者多展现多元民族文化，后者则注重讲述多彩民俗故事；伦敦奥运宣传片则重点以金融景观印证其国际金融中心的地位。整体而言，各文化景观的占比波动较大，族群景观和人文景观的占比较高，其后依次为金融景观、媒体景观和技术景观，反映全球文化的多样性与主办国文化的独特性始终是全球文化景观最显著的特征。其中，全球本土化景观相较于本土全球化景观更占优势，且后者更多呈现在人文景观中，而前者则多呈现在族群景观中，由此可见主办国更重视本国文化的对外传播。本文从传播策略、文化融合两个层面展开讨论，为奥运传播的高质量发展及全球大型体育赛事的宣传片制作提供参考。

关键词 奥运宣传片 全球文化景观 体育传播

一 问题的提出

全球化是资本主义扩张的力量，聚焦于全球市场，涵盖商业、体育、

---

* 本文系湖北省教育厅哲学社会科学研究项目"美国主流媒体的反共意识形态与中国镜像研究：媒体记忆视角"（202311801301003）的阶段性研究成果。

** 胡洁，湖北大学新闻传播学院讲师；王晓曼，湖北大学新闻传播学院本科生。

政治、科学、艺术和文化等各方面。① 在全球化进程中，全球化极大促进了文化交流，文化交流互鉴推动着世界交流合作，深刻影响着人们认识和改造世界的过程。由此，作为文化景观的全球文化成为人类活动与自然环境的综合体现，其变迁不仅反映了人类社会的发展历程，也揭示了不同文化间的交流与融合。作为全球性的体育盛事，奥运会是世界多元主体共同参与完成的典型的全球性文化景观。自1896年雅典举办首届奥运会以来，截至2022年6月，23个国家41个城市举办过夏奥会与冬奥会，奥运宣传片作为奥运会主办国的形象展示和文化推介窗口，集中呈现了世界各国尤其是主办国对于全球文化景观的理解。

本文以奥运宣传片为研究对象，采用阿帕杜莱的全球文化景观理论考察全球化进程中的全球文化景观变迁，并揭示全球文化的呈现特点和演进规律，为体育传播等领域提供新的视角和思考，亦为全球大型体育赛事的宣传片制作提供理论与实践的参考。

二 文献综述

（一）全球化与全球文化景观

英国社会学家齐格蒙特·鲍曼曾说，全球化挂在每个人嘴边，是一个神奇的口头禅，是一把打开通向现在和未来奥秘的钥匙。② 对此，格雷厄姆·汤普森给全球化的定义是，"世界各地日益紧密地相互联系"③。这表明，全球化不仅是经济上的依存关系，也关涉生活领域的时空转换。在政治学和经济学意义上，全球化被视为在全球范围内形成世界性的市场；④ 在社会文化意义上，全球化指"生活经验的全球化"，⑤ 是人类文化、文明发

---

① 王昌昊、李超群：《"媒体全球化"的起源与展望》，《新闻传播》2023年第14期。
② 〔英〕齐格蒙特·鲍曼：《全球化：人类的后果》，郭国良、徐建华译，商务印书馆，2001。（原著 Zygmunt Bauman, *Globalization: The Human Consequences*, Columbia University Press, 1998。）
③ 〔英〕格雷厄姆·汤普森：《导论：给全球化定位》，《国际社会科学杂志》（中文版），2000年第2期。
④ John Friedmann, "The World City Hypothesis," *Development and Change*, 1, 1986.
⑤ 陈龙：《媒介文化全球化与当代意识形态的涵化》，《国际新闻界》2002年第5期。

展的目标,是世界的压缩及其作为一个整体的感觉加强①。在传播学上,麦克卢汉首倡的"地球村"概念,则拓展了理解全球化的媒介维度,即媒介技术延伸了人的感官系统,实现了个体与社会的结构重组。由此可见,当今的全球流动发生在族群、技术、金融、媒体及人文之间日益扩大的散裂中,同时通过这些散裂进行。②

文化作为一种软实力,不仅塑造了全球化的特征,也受到全球化的影响。文化全球化论者多持有世界同质化的倾向论断。在三好将夫看来,民族文化正在变得越来越不重要,现在是多文化主义的时代。③ 约翰·汤林森则认为全球化削弱了单个民族国家的文化凝聚力。④ 近十年,国内外学者更多关注全球本土化及本土全球化等概念。英国社会学家罗兰·罗伯逊认为没有真正的全球化,并于1994年提出了"全球本土化"的概念。不同的国家或地区在吸收国外的文化与思想时,通常都会根据自身情况进行选择与转化,因此全球化多以一种全球本土化的形式表现出来。⑤ 而与全球本土化相对应的另一个概念是"本土全球化",意即本土或民族的东西亦具备被全世界认可和接受的可能和特质,这一概念是对本土化原始概念的升级,概言之,即"立足本土、面向全球"。国内有学者认为,在新的信息传播技术推动下,全球本土化和本土全球化已经成为我们理解并实践国际传播必须关注的环境特征。⑥ 阿尔君·阿帕杜莱则从后结构主义中获得灵感,将全球文化想象成由五种图景汇聚而成。这五种图景分别为族群景观、媒体景观、金融景观、技术景观与人文景观。他指出,这五种图景呈现明显的断裂和差异,相同的图景在不同的语境下也呈现差异的形态。正是这五种图景的交叉

---

① Roland Robertson, *Globalization: Social Theory and Global Culture*, SAGE Publications Ltd., 1991.
② 〔美〕阿尔君·阿帕杜莱:《消散的现代性:全球化的文化维度》,刘冉译,上海三联书店,2012。(原著 Arjun Appadurai, *Modernity at Large: Cultural Dimensions of Globalization*, University of Minnesota Press, 1996。)
③ 〔美〕三好将夫:《"全球化"、文化与大学》,载〔美〕杰姆逊、三好将夫编《全球化的文化》,马丁译,南京大学出版社,2002,第195页。
④ 〔英〕约翰·汤林森:《文化帝国主义》,冯建三译,上海人民出版社,1999。(原著 John Tomlinson, *Cultural Imperialism: A Critical Introduction*, Johns Hopkins University Press, 1991。)
⑤ Roland Robertson, *Glocalization: Time-space and Homogeneity Heterogeneity*, SAGE, 1995.
⑥ 张毓强、庞敏:《新时代中国国际传播:新基点、新逻辑与新路径》,《现代传播(中国传媒大学学报)》2021年第7期。

或分离状态构成了全球文化景观上的一个个节点。[1]

（二）奥运宣传片相关研究

奥运会是一场由国际奥委会、举办国、各国运动员代表、全球观众等多方主体共同参与完成的世界性媒体奇观。其中，奥运宣传片经过精心策划，包含多重隐喻，肩负着营造仪式氛围、传承体育精神、塑造国家形象、弘扬公共价值的多重任务。主办国需要精心挑选一系列代表性符号，通过巧妙的时空关系组合，建构出一个经得起全世界观众审视的视觉叙事文本。[2] 随着全球化的深入发展，奥运宣传片的研究也逐渐成为学术界关注的焦点。

石晶以2022年北京冬奥会申奥片为研究对象，考察了奥运会的视觉文化表达，认为奥运宣传片以视觉符号为载体将举办城市的历史、文化、精神进行有效传播，是主办城市综合实力的缩影。[3] 王婷婷研究奥运宣传片中的国家形象与文化诉求时发现，在奥运会这场全球盛宴中，制作一则立意和内容都非常好的宣传片在对外宣传中极为重要，对宣传本土文化、改善国际关系、构建国家形象大有裨益。[4]

整体而言，既有研究中，国内学者有关奥运宣传片的相关研究多采用视觉修辞及符号学理论视角，集中讨论了奥运宣传片的视觉文化及国家形象呈现等方面。而奥运城市作为全球网络的重要节点，具有流动联结、非领土化联系等基本属性，具有大规模的物流、人流、资金流、服务流、现金流和技术流等生产力要素特征。这些属性、特征与阿帕杜莱的全球文化景观理论维度形成现实对应。因此，以阿帕杜莱的全球化文化景观理论来考证考察奥运宣传片，具有现实可行性和理论自洽性，同时能进一步深化对全球化及其文化景观的理解。

---

[1] 童清艳、刘璐：《网络与数字传播：增强中华文化全球影响力的有效途径》，《现代传播（中国传媒大学学报）》2019年第6期。

[2] 汪蓓、万晓红：《全球化变奏中的"和合"之道——两届北京奥运会开幕式的"言—象—意—道"分析》，《上海体育学院学报》2022年第3期。

[3] 石晶：《奥运宣传片的视觉文化诉求解析——以2022北京冬奥会申奥片为例》，《冰雪运动》2017年第1期。

[4] 王婷婷：《奥运宣传片中的国家形象与文化诉求》，硕士学位论文，苏州大学，2016。

基于以上讨论，本文以阿帕杜莱的全球文化景观为理论视角，选取2008—2024年五届奥运宣传片为研究对象，考察奥运宣传片中的全球文化景观变迁特点。本文将具体回答以下三个问题：五届奥运宣传片分别呈现了怎样的全球文化景观？奥运宣传片对于不同类别的全球文化景观呈现有何倾向？奥运宣传片中的全球文化景观在历史演变中呈现哪些特征？

三 研究设计

（一）样本选取与研究方法

本文选取2008—2024年五届奥运举办国家发布的官方宣传片作为样本，分别为2008年北京奥运宣传片，时长为4分32秒；2012年伦敦奥运宣传片，时长为2分20秒；2016年里约奥运宣传片，时长为1分30秒；2020年东京奥运宣传片，时长为1分45秒；2024年巴黎奥运宣传片，时长为1分38秒。

（二）类目建构：全球文化景观的维度操作

本文采用阿帕杜莱的全球化文化景观作为分析框架，结合搜索样本的实际情况，确定了本研究的五种具体图景维度，即族群景观、媒体景观、技术景观、金融景观和人文景观，界定了对应维度的操作化定义，并划分了二级维度。

族群景观，也称为人类景观、人种景观，包含我们所生存和移动的世界，如游客、外来工人和其他团体与个人等，这些人构成了世界的基本特征，并在某种程度上影响了国家之间的政治。在本文中具体包含流动群体（受劳动流动及分工影响产生的群体）、稳定群体两个维度。

媒体景观，指生产和传播信息的载体，如电视、报纸、电影等，以及由这些媒体所创造的全球形象。在本文中具体表现为机构或平台。

技术景观，也称为科技景观。阿帕杜莱认为，随着时代的进步，技术交流变得更加频繁，"技术分配的古怪模式导致了技术景观的奇特之处，而驱使其发生的动力不再是任何明显的规模经济、政治控制的经济或市场理性下的经济，而是货币流动、政治机遇以及非熟练劳工和熟练劳工等因素之间日益复杂的关系"①。在本文中具体包含工作场景（如工地、研发间）、工作场所（如公司大楼）、技术应用场景三个维度。

金融景观，也称为资本景观，指由景观所组成的货币市场。资本作为全球化的动力，促使国与国之间的交流与互动越来越多，资本以无形的方式穿梭于各个国家。在本文中具体包含建筑群、商业活动场所、市政建设（如路面交通、市容市貌等）三个维度。

人文景观，指可以作为景观的人类社会的各种文化现象与成就，是以人文事件和人为因素为主的景观。在本文中主要表现为文化意识形态，具体包含文学艺术、历史及文化遗产、民俗及活动、自然风光、社会活动五个维度。

（三）以景观镜头为分析单位

"镜头"主要是一个时间概念，一个镜头就是摄影机或摄像机从开始到停止所拍下的全部影像。本文以"镜头"为分析单位，将奥运宣传片中的"全球文化景观的镜头"进行编码。

经过笔者人工编码，2008年北京奥运宣传片被编码为220个分析单位，2012年伦敦奥运宣传片被编码为34个分析单位，2016年里约奥运宣传片被编码为108个分析单位，2020年东京奥运宣传片被编码为77个分析单位，2024年巴黎奥运宣传片被编码为162个分析单位。

四　数据分析

（一）历届奥运宣传片中的全球文化景观概况

根据以上编码，结合镜头画面内容及字幕，本文对宣传片镜头中蕴含的全球文化景观内容进行了详细的分析，并判断其所属景观类别（见表1）。由此可见，尽管各届奥运宣传片都呈现了全球化，但各主办国看待全球化、讲述世界故事的方式各不相同。

---

① 吴江涛：《阿帕杜莱文化全球化理论研究》，硕士学位论文，湘潭大学，2014。

表1 五届奥运宣传片各文化景观出现频次及占比

单位：次，%

年份	族群景观		媒体景观		技术景观		金融景观		人文景观		总频次	总占比
	频次	占比	频次	占比	频次	占比	频次	占比	频次	占比		
2008	75	34.09	7	3.18	9	4.09	43	19.55	86	39.09	220	100
2012	8	23.53	4	11.76	1	2.95	17	50.00	4	11.76	34	100
2016	53	49.07	2	1.85	3	2.78	2	1.85	48	44.45	108	100
2020	34	44.16	2	2.59	6	7.79	10	12.99	25	32.47	77	100
2024	34	20.99	26	16.05	5	3.09	8	4.94	89	54.93	162	100

2008年北京奥运宣传片中，人文景观出现频次最高，为86次，占比达到39.09%（见图1），其中社会活动、文学艺术、历史及文化遗产三个维度的占比较大；媒体景观出现频次最低，为7次。北京奥运宣传片融合了深厚的文化底蕴与现代社会的活力，在数据上体现为人文景观、族群景观及金融景观占比较大，它以现代化的视角，展示了中华优秀传统文化，讲述了古老的中国故事，同时展示了中国在全球化进程中的积极贡献。

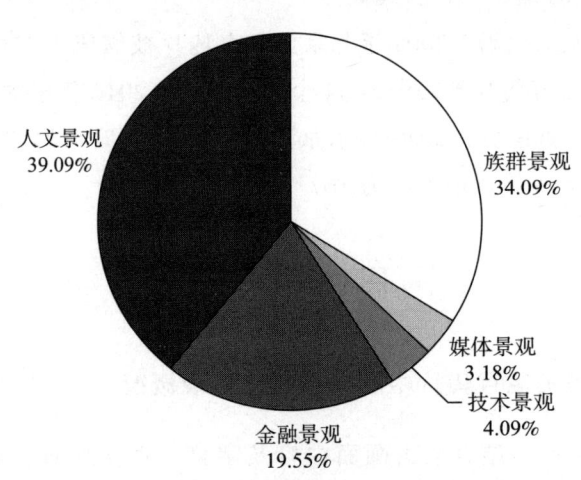

图1 2008年北京奥运宣传片各文化景观占比

2012年伦敦奥运宣传片中，金融景观出现频次最高，为17次，占比达到50.00%（见图2），其中族群维度占比较大；技术景观出现频次最低。伦敦奥运宣传片金融景观的高占比契合了伦敦作为国际金融中心的定位，伦敦奥运宣传片更凸显开放、自由的精神，以创新的叙事方式展现了全球化带来的机遇与挑战，鼓励人们追求梦想，勇敢探索未知。

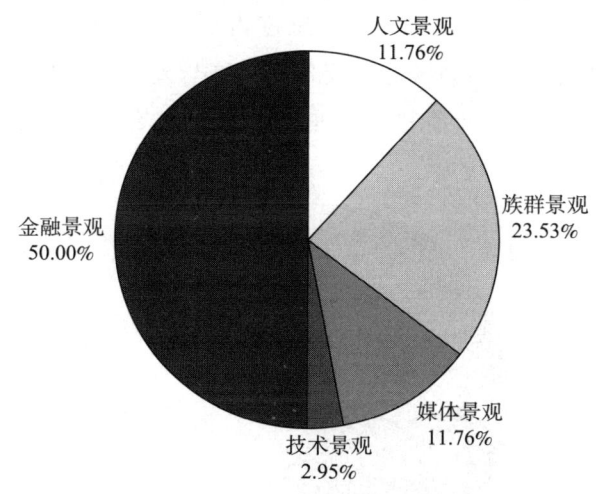

图2　2012年伦敦奥运宣传片各文化景观占比

- 人文景观 11.76%
- 族群景观 23.53%
- 媒体景观 11.76%
- 技术景观 2.95%
- 金融景观 50.00%

2016年里约奥运宣传片中，族群景观出现频次最高，为53次，占比达到49.07%（见图3），其中稳定群体维度占比较大。里约奥运宣传片充满了南美大陆的热情与活力，将巴西的文化传统与奥林匹克精神融合，通过展示巴西独特的自然景观、多彩的民族文化以及饱满的精神风貌，展现了巴西作为一个多元化国家的魅力。

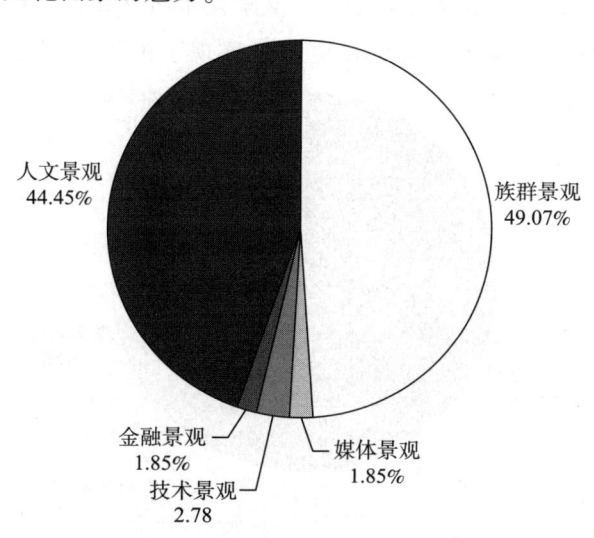

图3　2016年里约奥运宣传片各文化景观占比

- 人文景观 44.45%
- 族群景观 49.07%
- 金融景观 1.85%
- 媒体景观 1.85%
- 技术景观 2.78

2020年东京奥运宣传片中，族群景观出现频次最高，为34次，占比达到44.16%（见图4），其中稳定群体维度占比较大；媒体景观出现频次最低，为2次。东京奥运宣传片注重展现其传统与现代交融的特色，以精致的画面、多彩的民俗故事和独特的视角，讲述了具有日本特色的世界故事，呈现了日本独特的文化魅力。

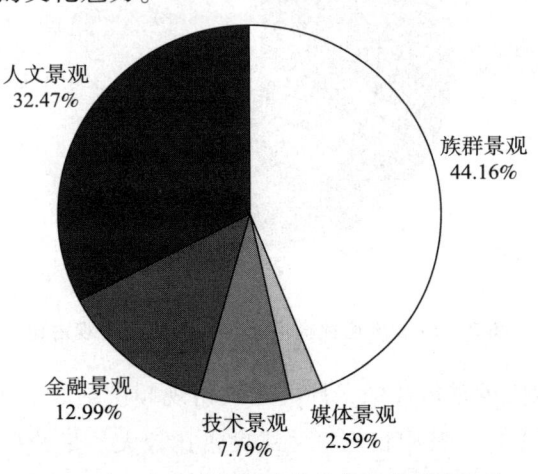

图4　2020年东京奥运宣传片各文化景观占比

2024年巴黎奥运宣传片中，人文景观出现频次最高，为89次，占比达到54.93%（见图5），其中社会活动、文学艺术占比较大；技术景观出现频次最低，为5次。巴黎奥运宣传片更多地展现了浪漫、富有艺术气息的一

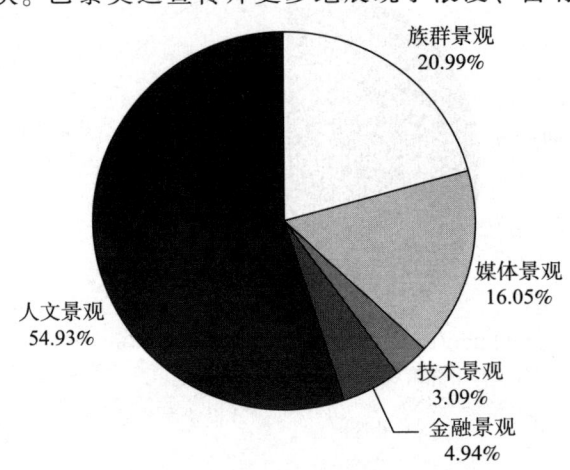

图5　2024年巴黎奥运宣传片各文化景观占比

面，人文景观也多呈现为艺术的展示，以细腻的情感讲述艺术与文化交融的故事，强调全球化进程中人文精神的传承与发扬，充满了独具巴黎特色的诗意与美感，同时传递了全球化的温度与深度。

（二）奥运宣传片中的全球文化景观变迁特点

从表1可见，2008—2024年五届奥运宣传片中人文景观及族群景观整体占比较高，其次为金融景观、媒体景观，最后为技术景观。

族群景观的占比区间为20.99%—49.07%，2016年里约奥运宣传片族群景观占比达到峰值49.07%，2024年巴黎奥运宣传片族群景观占比达到谷值20.99%，整体呈现波浪式递减的趋势。这说明在早年的奥运宣传片中，主办国倾向于强调民族独特性和文化多样性，借此来吸引全球的关注，但随着时间的推移，这种倾向逐渐减弱，反映了全球文化的日益交融和多元化。

金融景观的占比波动大，2012年伦敦奥运宣传片金融景观占比达到峰值50.00%，2016年里约奥运宣传片金融景观占比达谷值1.85%，整体呈现波浪式发展趋势。这反映了在全球化进程中，经济因素始终是一个重要的驱动力，主办国希望通过展示其经济实力和市场潜力来吸引全球的投资者和观众。

人文景观的占比波动大，2024年巴黎奥运宣传片人文景观占比达到峰值54.93%，2012年伦敦奥运宣传片人文景观占比达到谷值11.76%，整体呈现先断崖式下跌再波浪式增长的趋势。这说明在全球化进程中，文化的冲突和交融越来越明显，主办国需要通过强调其文化和价值观来塑造其在全球舞台上的形象。

媒体景观的占比起伏大，2024年巴黎奥运宣传片媒体景观占比达到峰值16.05%，2016年里约奥运宣传片媒体景观占比达到谷值1.85%，整体呈现波浪式递增的趋势。技术景观的占比整体较平稳，2020年东京奥运宣传片技术景观占比达到峰值7.79%，2016年里约奥运宣传片技术景观占比达到谷值2.78%。这两种景观的出现频次在整个时间段内相对较低，说明尽管媒体和技术在全球化进程中扮演着重要角色，但它们在奥运宣传片中并不是焦点，这可能是因为奥运宣传片更注重展示主办国的文化和精神风貌，而非展示媒体、技术。

（三）奥运宣传片中的全球本土化与本土全球化景观特征

依据全球本土化及本土全球化的概念及内涵，本文对五届奥运宣传片的全球文化景观出现频次及占比进行了统计（见表2）。统计结果表明，族群景观中全球本土化内容很多，而本土全球化内容较少；媒体景观则仅展现了全球本土化内容；技术景观中全球本土化内容很多；金融景观中本土全球化内容多于全球本土化内容，但整体差距较小；人文景观中本土全球化内容多于全球本土化内容。

表2　五届奥运宣传片全球本土化与本土全球化景观出现频次及占比

单位：次，%

内容	族群景观		媒体景观		技术景观		金融景观		人文景观		总频次	总占比
	频次	占比	频次	占比	频次	占比	频次	占比	频次	占比		
全球本土化	41	34.45	39	32.77	15	12.61	7	5.88	17	14.29	119	100
本土全球化	1	0.66	0	0	1	0.66	22	14.57	127	84.11	151	100

全球本土化内容在族群景观、媒体景观和技术景观中占主导地位，占比分别达到34.45%、32.77%和12.61%，展现出全球文化和本土文化之间的张力与亲和力。在全球本土化的族群景观中，各主办国通过展示独特的民族文化和自然景观，既接受了全球文化的普遍性，又保持了本土文化的特殊性。例如，北京奥运宣传片中的京剧、四合院等元素，展现了中国的优秀传统文化魅力；里约奥运宣传片中的桑巴舞、足球等元素，则展现了巴西的热情与活力。这些元素不仅吸引了全球观众的关注，也加深了人们对不同文化的理解。

本土全球化内容在人文景观中呈现最多，这反映了全球化进程中文化的冲突和交融，也反映了发展中国家和地区逐渐获得文化话语权的过程。例如，北京奥运宣传片中的北京奥运会口号"同一个世界，同一个梦想"，强调了和谐共赢的价值观，同时注重展示优秀传统文化及历史文化遗产。这些奥运宣传片不仅展现了主办国的文化魅力，也体现了主办国在全球化进程中的积极姿态。

五 结论与讨论

本文采用全球文化景观理论视角,以2008—2024年五届奥运宣传片为研究对象,系统考察了奥运宣传片中的全球文化景观变迁特点。研究发现,这五届奥运宣传片呈现的全球文化景观各有特点和侧重,北京奥运宣传片和巴黎奥运宣传片均重视人文景观的呈现,前者重在凸显中华优秀传统文化,后者则广泛传播文学艺术;里约奥运宣传片和东京奥运宣传片增强了族群景观的呈现,前者多展现多元民族文化,后者则注重讲述多彩民俗故事;伦敦奥运宣传片则重点以金融景观印证其国际金融中心的地位。整体而言,各文化景观的占比波动较大,族群景观和人文景观的占比较高,其后依次为金融景观、媒体景观和技术景观,反映全球文化的多样性与主办国文化的独特性始终是全球文化景观最显著的特征。其中,全球化本土景观相较于本土全球化景观更占优势,且后者更多呈现在人文景观中,而前者则多呈现在族群景观中,由此可见主办国更重视本国文化的对外传播。

(一)文化表达与多元视角:奥运宣传片的传播策略

奥运宣传片中全球文化景观维度的不平衡既可以被视为一种策略,也可以被理解为特定文化和历史背景下的自然结果。但这种不平衡无论是策略还是自然结果,都可以使观众深入了解主办国的文化价值观和全球化愿景,为全球观众提供了多元化的视角。但作为全球化时代下的文化产品,奥运宣传片景观呈现的不平衡实质上是一种深刻的文化表达和传播策略。主办国通过强调族群景观和人文景观、弱化媒体景观和技术景观的方式,体现了他们对全球化愿景的理解和期待,传递了他们对文化多样性的尊重和对现代价值及文化自信的追求,也在无形中塑造了他们在国际舞台上的形象。

奥运宣传片景观呈现的不平衡也为全球观众提供了多元化的视角,激发观众对不同文化和价值观的思考。通过观看奥运宣传片,全球观众能够从一个独特的视角了解主办国的社会和文化,增强其对全球化及文化多样性的认识和尊重,从而促进全球文化的交流和对话。

（二）全球化与本土化：奥运宣传片的文化融合

作为特殊的文化产品，奥运宣传片在展现主办国的本土魅力时，也需要考虑本土文化的全球化表达。全球化与本土化并非相互排斥，而是可以和谐共存、互为补充的。本土化能够引起情感共鸣，全球化则能够给奥运宣传片注入新的活力，让世界看到独属于主办国的全球化故事。因此，在奥运宣传片的制作过程中，如何平衡全球化与本土化，是一个值得探讨的问题。

全球化并不意味着舍弃本土特色，而是要在保持本土特色的基础上，寻求与全球文化的交流和融合。奥运宣传片可以通过展示主办国的自然风光、历史文化、民俗风情等，让观众感受到主办国的独特魅力，也可以借助国际化视角，将发展成果展现给世界，让世界"看到"全球化进程。

全球化与本土化的结合需要注重策略性。在奥运宣传片中，可以通过使用国际化的语言、符号，让观众更容易理解和接受，也可以融入本土元素，如地方语言、民俗表演等，让奥运宣传片更具特色和吸引力。

青年亚文化视域下表情包的传播现象研究

——以 Loopy 系列表情包为例

何　爽　张晓彤[*]

摘　要　本文以青年亚文化为理论基石,以 Loopy 系列表情包为案例,综合运用互联网田野观察和深度访谈法深入分析 Loopy 系列表情包的流行现象及网民参与实践的动因。研究发现,网民通过拼贴塑造独特风格,在同构中寻求身份认同,以自嘲颠覆主流权威,构成了 Loopy 系列表情包实践的主要动因。此外,"阴阳怪气"风格的 Loopy 系列表情包在传播过程中,既消解了传统主流表达方式,也对主流价值观念造成一定冲击。这种消解与冲击不仅揭示了青年亚文化与主流文化间的张力与冲突,还彰显了青年群体在自我认同与文化表达中的复杂性与多元性。

关键词　青年亚文化　Loopy 系列表情包　传播机制　实践动因

一　问题的提出

根据中国互联网络信息中心（CNNIC）发布的第 53 次《中国互联网络发展状况统计报告》,截至 2023 年 12 月,我国网民规模达 10.92 亿人,互联网普及率达 77.5%。[①] 庞大的网民群体规模反映了数字化生存不仅已经成为广大网民不可或缺的生活方式,也是数字时代社会发展的一个重要指标。随着新媒体技术的飞速发展和广泛应用,网络空间的交流方式正逐渐

---

[*] 何爽,湖北大学新闻传播学院讲师；张晓彤,湖北大学新闻传播学院硕士研究生。
[①] 《第 53 次〈中国互联网络发展状况统计报告〉》,中国互联网络信息中心网站,https://www.cnnic.cn/n4/2024/0322/c88-10964.html,检索日期：2024 年 3 月 22 日。

改变人们传统的面对面沟通模式。以微信、QQ、微博等为代表的社交媒体平台,已经成为现代网民交流互动的重要场所。互联网技术的发展超越了地理界限和摆脱了社会结构的限制,为年轻一代从传统社会和文化束缚中解脱出来提供了机会,实现了跨地域的信息交流与文化融合,形成了新的社群联盟。

在这样的自由开放的网络空间中,青年亚文化得以不断传承、创新和演变,逐渐影响了主流文化的话语权,为青年提供了多样化的文化风格选择。作为青年亚文化的典型表现,网络表情包在当代社交环境中扮演着至关重要的角色。它们通过整合多种视觉符号元素,极大地增强了在线聊天的表现力,打破了单一文字表达的局限性,促进了隐喻情感的传递,因而受到众多青年的青睐和广泛应用。然而,随着时代的变迁和社会环境的演变,网络表情包也在不断地进行自我更新,以适应流行文化的变化。Loopy系列表情包在青年群体中迅速流行起来,逐渐成为他们在社交网络上表达情感的首选表情包。这一现象不仅反映了青年亚文化的活力和创造力,也揭示了网络文化产品如何快速适应并引领青年群体的审美和交流需求。正如费斯克(J. Fiske)在其著作《理解大众文化》中所指出的,大众文化是大众自我表达和创造性的产物,它不断地与主流文化相互作用和影响。①

本研究的选题意义主要体现在两个方面。一是学术意义。作为一种新兴的网络交流媒介,表情包的起源可追溯至2015年。尽管目前已有相当数量的研究文献探讨了这一现象,但大多数研究文献往往聚焦于表情包的整体发展概况,针对某一特定类型表情包进行的研究较少。因此,从青年亚文化的视角出发,对以Loopy系列为代表的表情包进行梳理和研究仍具有较大的拓展空间,分析"阴阳怪气"风格的Loopy系列表情包所呈现的青年亚文化特征及其文化建构过程,具有显著的学术创新价值。二是现实意义。在数字化的生活环境中,表情包已成为人们沟通交流不可或缺的工具之一。以Loopy系列为代表的表情包在年轻一代中的广泛流行,不仅展现了鲜明的青年亚文化特色,也在实际生活中产生了深远的影响。这些表情包在给青

---

① 〔美〕约翰·费斯克:《理解大众文化》,王晓珏、宋伟杰译,中央编译出版社,2001。(原著 J. Fiske, *Understanding Popular Culture*, Routledge, 1989。)

年群体带来娱乐狂欢、群体认同、释放压力等积极影响的同时，给主流文化带来了挑战。因此，深入分析Loopy系列表情包的流行现象、了解网民参与Loopy系列表情包实践的动因，对理解当代青年的文化实践和社会互动模式具有重要的现实意义。

二 文献回顾

（一）关于表情包的研究

以往相关研究大致从符号学、传播学、文化研究等角度，对表情包的发展历程、盛行原因、传播价值等方面进行研究，具体包括以下几个方面。

一是从符号学角度对表情包进行研究。表情包的符号学角度分析，主要集中在阐释表情包的发展历程、符号的表意功能等。解子钰、刘冰在《表情包：特殊的新型网络社交符号》中阐述了表情包的"前世今生"，介绍了表情包的网络社交功能以及美学符号意义。[①] 屈济荣、李异平将表情包看作一种符号化的"图像行为"，对表情包的符号生产机制、修辞逻辑以及话语实践进行了分析。[②]

二是从传播学角度对表情包进行研究。基于传播学角度的研究，大多使用狂欢和使用与满足等理论对表情包传播现象以及功能、作用进行分析，除此之外，还对其流行原因进行解析。譬如，伍静对表情包的发展形态和发展历程进行了梳理，并从传播学角度对表情包的流行原因进行了解析。[③] 巩述林通过对"中老年"表情包话语生产和传播机制进行观察，对网生代圈层文化符号建构与传播模式、特点、影响因素和机制进行探讨，为讨论场域变化和现代身份调整问题提供了传播学角度的解读。[④]

三是从亚文化角度对表情包进行研究。从亚文化角度进行分析，学者

---

① 解子钰、刘冰：《表情包：特殊的新型网络社交符号》，《青年记者》2018年第21期。
② 屈济荣、李异平：《作为"图像行为"的表情包：符号、修辞与话语》，《编辑之友》2018年第10期。
③ 伍静：《新媒体时代表情包发展的传播学解析》，《出版广角》2016年第15期。
④ 巩述林：《圈层化语境下网生代"中老年"表情包传播实践与话语重构》，《未来传播》2023年第6期。

着重分析表情包存在的文化价值,并基于亚文化的三个关键词,即"抵抗"、"风格"和"收编"对表情包具有的亚文化特征进行深入探究。蓝芝同、谭亚丹运用网络田野调查与分析归纳,从内容、形式两个方面对青年亚文化的特质进行了分析,并对表情包的流行原因进行了解读。① 杨嫚提出表情包不仅是新媒体时代青年群体肢体语言的替代品,也是一种日常文化实践,还提出表情包中充斥着恶搞内容,呈现富有意味的"反讽"风格。② 也有学者在对表情包的文化隐喻进行分析时,考虑到了使用表情包可能存在的问题。林爱珺、张博对表情包社交中可能存在的问题进行了社会学反思,认为其可能会沦为娱乐消遣行为或造成群体狂欢的非理性表达。③

除却以上三个角度,还有学者从法学、经济学、社会学等角度对表情包进行研究。通过梳理相关文献发现,国内对表情包的研究自2016年起呈现爆发式增长趋势后始终趋于平稳,至2022年呈现下降趋势。当前,广泛流传于网络空间的表情包,相较于传统的网络表情符号,展现了显著的差异性。这种差异性体现在形式与内容的丰富性上,深刻地反映了表情包作为时代产物的演进历程。表情包的发展紧密契合社会变迁的脉络,深刻关联社会群体的文化心理状态,表情包是社会成员构建文化认同的重要载体,同时彰显了互联网文化所特有的狂欢与解构特质。因此,表情包所蕴含的多维价值及其在社会文化中的复杂作用,尚存诸多值得深入探讨与研究的面向。

(二)关于青年亚文化的研究

关于青年亚文化,国外研究历程具体主要分为三个阶段。第一阶段,即美国芝加哥学派关于"越轨"文化的深入研究。该学派尤为关注社会群体的分类和解释,芝加哥学派深入青年群体的生活,进行长期观察和精确记录,通过民族志、田野考察等方式对流浪汉、青少年犯罪者、移民群体

---

① 蓝芝同、谭亚丹:《青年亚文化视角下表情包的传播探析》,《出版广角》2017年第6期。
② 杨嫚:《网络表情包的亚文化风格构建:从自我表达到公共空间》,《西安交通大学学报》2017年第5期。
③ 林爱珺、张博:《作为话语的表情包:网络表情包的符号消费与社会学反思》,《现代传播(中国传媒大学学报)》2019年第8期。

等的"越轨"行为进行实证研究。第二阶段是伯明翰学派关于青年亚文化的研究,伯明翰学派主张,青年亚文化的兴起乃是社会结构内部矛盾的外显,它扮演着对抗资产阶级霸权,并试图化解父辈文化与主流文化间遗留未决问题的角色。伯明翰学派的代表人物赫伯迪格在其著作《亚文化:风格的意义》一书中指出,亚文化在对主流文化进行抵抗与融入后,最终逐渐会被主流文化收编,详细地诠释了亚文化所具备的"抵抗""风格""收编"三个特征。[①] 第三阶段是后亚文化理论的崛起,20 世纪 80 年代以来,互联网时代的到来以及各种新思潮的不断涌现,使文化背景发生了翻天覆地的变化。青年亚文化呈现更多的后现代症候,学界也转向后亚文化研究,旨在对文化符号消费时代与新媒体时代的青年文化现象做出解释。该学派认为,伯明翰时期过于强调亚文化的风格、符号认同以及二元对立等观点在各种文化席卷下已经过时。

国内关于青年亚文化的研究兴起于 20 世纪 80 年代后,相较于西方,虽起步较晚,但近年来研究成果颇为显著。笔者对相关文献进行了梳理,主要包括以下几个方面。

一是对于青年亚文化的解读以及系统梳理,此类研究主要集中于对亚文化的理论解读、发展历程以及特征等进行介绍,脉络极为清晰。譬如孟登迎在《"亚文化"概念形成史浅析》中,对亚文化的概念界定、形成过程进行了详细梳理,并对亚文化未来发展中可能出现的问题进行了概述。[②] 胡疆锋等对英国伯明翰学派亚文化理论的三个关键词"抵抗"、"风格"和"收编"进行了梳理剖析,并进行了深度解读,更加准确地界定了亚文化理论相关概念,以此减少学术界相关研究"失语"和滥用的状况。[③]

二是以新媒体语境为切入点对青年亚文化进行研究,新媒体时代的到来,促使亚文化更加多元化,也推动亚文化研究范式逐渐发生转变。马中红在《新媒介与青年亚文化转向》中提出,新媒介的出现推动了青年亚文化的多重转向,在新媒介语境下的青年亚文化具有弱化抵抗,多元发展自

---

① 〔美〕迪克·赫伯迪格:《亚文化:风格的意义》,陆道夫、胡疆峰译,北京大学出版社,2009。(原著 D. Hebdige, Subculture: The Meaning of Style, Routledge & Kegan Paul, 1979。)
② 孟登迎:《"亚文化"概念形成史浅析》,《外国文学》2008 年第 6 期。
③ 胡疆锋、陆道夫:《抵抗·风格·收编——英国伯明翰学派亚文化理论关键词解读》,《南京社会科学》2006 年第 4 期。

身文化、偏重娱乐化、全球化与消费主义等特质，旨在重新审视已出现多重转向的青年亚文化。① 杨小柳、周源颖在对亚文化研究进行述评的基础上，对新媒体时代青年亚文化商业、媒体的关系进行分析，并以网络游戏为个案对青年亚文化的资本逻辑及运作方式进行分析呈现。②

三是从青年亚文化视域出发对各种亚文化现象进行研究，随着互联网的发展，青年亚文化在互联网上也衍生出多种文化，如"佛系文化""弹幕文化""饭圈文化"等，这些都已成了学者研究的重点。苏宏元、贾瑞欣在《后亚文化视阈下网络"丧文化"的社会表征及其反思》中，从后亚文化理论出发，对网络"丧文化"的社会表征进行探究分析，提出"丧文化"具有潜在的价值虚无主义、凸显出现代犬儒主义的倾向以及对个人自恋主义的隐忧等潜藏的负能量。③ 罗红杰在《弹幕文化的生成逻辑、表意实践与正向建构》中对作为一种青年亚文化的弹幕文化的生成逻辑、生成原因以及其表征意义进行分析。④ 从青年亚文化视角对表情包进行分析，目前大部分研究聚焦于表情包的文化逻辑、青年亚文化特质、社会反思以及规制方式等方面。

综合梳理发现，目前关于青年亚文化视角下表情包传播现象的研究已经取得了一定的进展，但仍存在一些研究缺口。首先，大多数研究聚焦于表情包的内容分析和社会影响，而对特定表情包的流行现象和网民参与实践动因的深入探究不足。其次，虽然有些研究尝试从青年亚文化的角度分析表情包的传播，但对特定系列表情包的案例研究仍然较为稀缺，缺乏针对性和深度。此外，表情包对青年亚文化群体的价值观、行为模式等产生的具体影响尚不明确。因此，本文致力于详尽探讨Loopy系列表情包在当代网络文化场域中的传播现象，并细致解析其在传播轨迹中，由起初具备戏谑与自嘲特质的亚文化形态，逐渐转变为强化社会身份认同的主流文化元素的演变过程。同时，本文将细致剖析网民参与这一文化传播实践背后的

---

① 马中红：《新媒介与青年亚文化转向》，《文艺研究》2010年第12期。
② 杨小柳、周源颖：《"亚文化资本"：新媒体时代青年亚文化的一种解释》，《中国青年研究》2018年第9期。
③ 苏宏元、贾瑞欣：《后亚文化视阈下网络"丧文化"的社会表征及其反思》，《现代传播（中国传媒大学学报）》2019年第5期。
④ 罗红杰：《弹幕文化的生成逻辑、表意实践与正向建构》，《深圳大学学报》2021年第6期。

动因机制，以及该过程对既有主流文化所产生的挑战与影响。

三 研究方法

本文将微信、微博、小红书三个社交媒体平台作为主要观察平台，主要采用互联网田野调查和深度访谈法两种研究方法。

互联网田野调查。表情包活动范围和表演呈现都集中于网络空间，在研究过程中，除了对微博"Loopy表情包"话题、小红书"Loopy表情包"话题中的帖子进行观察外，笔者还加入了Loopy系列表情包分享群，通过观察群成员的沟通交流习惯，并参与真实对话，近距离观察青年网民的状态并予以记录。

深度访谈法。Loopy系列表情包的使用者主要是青年群体，本研究采取便利抽样的方式，共采访了15位年龄在20—40岁、在不同情况下曾经使用过或正在使用Loopy系列表情包的青年，选出描述较为完整且相对典型的6位受访者作为主要材料来源，深度访谈主要围绕几个核心问题展开。

访谈过程中，笔者遵循了开放式问题的原则，鼓励参与者自由表达观点，并在必要时进行追问以深入挖掘信息。每位受访者的访谈时间保持在30分钟以上，本研究根据采访的先后顺序对访谈语料进行编号，后文中呈现的受访者编号即来源于此。主要受访者基本信息如表1所示。

表1 主要受访者基本信息

受访者编号	年龄	性别	受教育程度	职业
A1	25岁	男	高中	自由职业
A2	19岁	男	专科	学生
A3	23岁	女	硕士	学生
A4	22岁	女	本科	学生
A5	24岁	女	本科	新媒体运营
A6	23岁	女	本科	电商

四 从动画片到表情包：动画 IP 表情包化的现象分析

（一）文本内容：图像文字无厘头拼贴

动画 IP "Loopy"，源自 2001 年韩国广受欢迎的国民级动画片《小企鹅 Pororo》。2023 年 5 月，Loopy 于小红书平台正式注册了官方账号 "ZAN-MANG LOOPY"，这一角色通过独特的表情包形式在国内社交媒体上引起了广泛关注。Loopy 系列表情包的创作方式通常采用拼贴和同构的后现代主义风格，将网络中的图片素材与网络用语组合、拼贴在一起，形成具有青年特色的表意系统。这种创作方式使得原本的图片所蕴含的意义被颠覆，配上新的文字，形成了大杂烩似的后现代主义风格。通过巧妙的组合，Loopy 系列表情包被赋予了"阴阳怪气"的特色标签，进而形成了一种别具一格的情感和文化表达形式。Loopy 系列表情包所展现的"阴阳怪气"特质，实际上是对传统动画角色 Loopy 的一种再创造和再解读。这种再创造和再解读不仅赋予了角色新的文化内涵，也使其更符合当代年轻人的审美趣味和表达方式。

（二）参与主体：青年群体搭建趣缘社群

主观能动性作为人类特有的属性，使得人类能够主动地感知、理解和改造世界。在文化领域，这种主观能动性表现为个体对文化的创造、传播和接受过程中的积极参与和主动贡献。Loopy 系列表情包的出现并非偶然，而是青年群体在社会现实语境下自主创作的产物。

网络亚文化的参与主体主要为年轻一代。首先，意见领袖在此传播过程中发挥着举足轻重的作用。这些个体凭借其在社群中的高地位与独特的审美品位，吸引了众多志同道合的青年。他们依靠趣缘联结形成了一个网络亚文化社群，通过创作和分享 Loopy 系列表情包，不仅实现了群体内部的互动与交流，还在这一过程中构建了彼此的身份认同，形成了独特的社群规则。相较于主流社会赋予的身份，网络亚文化社群赋予了青年群体更多的话语权。

"我会关注分享 Loopy 系列表情包的博主，并会加入其构建的社群进行分享交流。"（A3）

在这一社群中，Loopy 系列表情包不仅是情感宣泄的工具和自我表达的平台，还是青年群体实现情感共鸣的桥梁。这些表情包通过生动的形象和幽默的表达方式，促进了成员间的情感交流，为青年群体提供了一种集体性的网络狂欢体验。

（三）传播渠道：社交媒体平台"病毒式"扩散

在数字时代的浪潮中，表情包作为一种新兴的文化现象，其生产和传播无疑深深根植于多样化的社交媒体生态，诸如微博、微信、小红书等社交媒体平台，已成为 Loopy 系列表情包创作与传播的沃土。凭借这些平台所拥有的海量用户基础和高效的分享机制，这类表情包得以如野火燎原般迅速蔓延，吸引了广大网民的目光。据笔者观察，截至 2024 年 6 月 2 日，微博平台上的"Loopy 表情包"话题已累计获得 2211 万人次的阅读量，以及 4.2 万人次的互动量；小红书平台上的"Loopy 表情包"话题的阅读量更是达到了令人瞩目的 1.5 亿人次。这一系列数据充分证明了社交媒体平台在推动这些融合了幽默、戏谑乃至无厘头元素的表情包在青年群体中广泛传播方面所发挥的不可忽视的作用，从而在网络空间中引起了强烈的传播共鸣。

五 青年亚文化视角下网民参与 Loopy 系列表情包实践的动因

（一）娱乐与狂欢：在拼贴中塑造风格

伯明翰学派认为，亚文化风格的构建，并非简单地、一味地对某一对象进行孤立的意义重构，而是一个复杂而精妙的转换与再创造机制。这一过程根植于既存的意义体系与语境框架，通过对既有意义的精细剖析与创造性重组，实现了意义在不同语境间的有效迁移与适应性变革。青年亚文化的风格并不是凭空捏造出来的，而是通过对已有文本的利用以及对意义的重构来实现的，并且这些文本或事物以及它们具有的意义能够构成一个和谐的系统。拼贴是指某些事物与文本、图片等可以被亚文化群体接受并重新语境化，从而得到新的意义。在后现代主义思潮的影响下，网络社区中的各种观点、思想不断碰撞，青年亚文化不再像过去一样风格单一，而是逐渐呈现多元复杂的拼贴式风格。在深入探讨 Loopy 系列表情包的制作过程及其所承载的文化意义时，我们可以发现，制作者精心选取和截取来自动漫原片或小红书、微博等社交媒体平台上的 Loopy 影像素材，随后将其与当下流行的网络热梗或生活化语言相结合，对已有素材进行巧妙的改造或意义重构。这一过程不仅体现了表情包创作的独特艺术魅力，也揭示了社交媒体时代下文化产品的生产与消费模式的转变。原本在大众认知中仅被贴上"可爱"标签的 Loopy 动画形象，经过表情包创作者的精心改造，发生了显著的语义变迁。他们通过利用已有的图像素材与不同文本进行拼贴和重构，打破了原本符号的单一性和整体性，赋予了 Loopy 系列表情包更为复杂且多元化的文化内涵。这种改造不仅使 Loopy 系列表情包在青年群体中形成了独特的表意系统，还赋予了其"阴阳怪气"的所指意义，与原有的所指意义形成鲜明对比，展现了当代青年文化的多样性和反叛性，其娱乐至上、颠覆传统的风格也使青年亚文化群体获得精神上的满足。

"我很喜欢 Loopy 呆萌的形象，为它打造全新的风格使我感到很开心。"（A3）

（二）自嘲与表达：在同构中寻求身份认同

伯明翰学派认为，拼贴和同构是亚文化群体塑造风格的重要方式，同构指的是在亚文化群体的社会价值理念和所塑造的社会风格之间存在着象征性的一致，亚文化风格的同构并不是简单地对某个事物的外部形象进行复刻或模仿，而是通过各种风格化元素的结合形成一个被亚文化群体认同的象征性表达。Loopy 系列表情包能够受到青年群体的青睐，就是因为其天生存在各种"缺陷"的人设能够展现青年群体的社会价值追求及文化理想。青年群体对 Loopy 系列表情包进行创作和使用的同时，间接传达了他们的社会价值理念，所以青年群体的社会价值追求及文化理想与 Loopy 系列表情包所塑造的风格是同构的。譬如，Loopy 系列表情包发疯系列通过呆萌的表情和动作搭配上"开摆""快乐摸鱼""我是自愿上班的""出门做奴""少爷你醒啦 餐快备好了"等戏谑的语言，体现出青年群体逆反及自嘲的心理状态。Loopy 系列表情包的使用，不仅体现了青年群体自我嘲讽与自我戏谑的情感抒发方式，更深层次的，其成为一个在网络虚拟空间内有效释放与宣泄现实社会所累积的焦虑情绪以及对社会现状不满情绪的重要渠道。同时，借助 Loopy 系列表情包的使用狂欢，青年群体满足了个体寻求群体身份认同和情感共鸣的需求。

（三）反叛与抵抗：在自嘲中间接反思权威主流语言体系

青年亚文化长期被认为是与主流文化相对的反文化，是相对于中心文化而言的边缘文化。伯明翰学派关于青年亚文化的研究中，亚文化对于主导文化的抵抗一直是一个值得关注的核心问题。表情包作为典型的青年亚文化，以各种方式形成对主导文化、父辈文化的反叛与抵抗。根据笔者的互联网田野调查与分析归纳，Loopy 系列表情包多以"嘲讽"、"沮丧"、"扭曲"以及"阴阳怪气"等风格为特色，展现了丰富多样的个性化表达、娱乐化的精神追求以及复杂多变的情感态度。在对抗主导文化的语言体系时，Loopy 系列表情包的反叛与抵抗并不是直接表现出来的，而是通过自嘲、反讽、戏谑化等特有的语言体系间接传达出来的。青年群体通过 Loopy 系列表情包构建了一套独特的群体内部语言体系，这种语言体系不仅具有自嘲意味，还蕴含着对权威主流语言体系的挑战与反思。

"很多现实生活中不敢说或不方便说的话，Loopy 系列表情包可以以另一种方式帮我表达。"（A3）

六 Loopy 系列表情包对主流文化的挑战

（一）戏谑狂欢：主流表达方式被消解

在数字文化的浪潮中，Loopy 系列表情包以独有的戏谑、自嘲和无厘头风格，与传统表情包所倡导的可爱、萌态和治愈系形象形成鲜明对比。这种新兴的视觉表达形式，凭借鲜明的个性以及独特的表达方式，对长期以来崇尚严肃和庄重的传统文化理念产生了不容忽视的挑战。作为青年亚文化的典型代表，Loopy 系列表情包蕴含着明显的抵抗与反叛精神。在社交媒体的广阔舞台上，它们迅速蔓延，成为承载年轻一代情感宣泄的媒介。然而，在这一过程中，负面的言辞往往占据了主导地位，强烈的抵抗情绪在其间流淌，悄然改变着当代青年的文化认同。这种变化不仅稀释了传统的文化价值观念，也在无形中削弱了那些严肃、庄重的主流表达方式，对其进行了深刻的解构。

（二）娱乐至上：主流价值观易偏移

在探讨现象的多维性时，我们不可忽视的是，Loopy 系列表情包作为一种新兴的情感宣泄媒介，在赋予年轻一代语言沟通的便捷性与情感表达的丰富性的同时，显露出不文明、不合法以及不合规范的行为倾向。这种现象的存在，不仅加剧了网络社交环境的过度娱乐化趋势，而且可能对青年群体价值观念的塑造产生深远的影响。

"Loopy 这个动画人物本身很可爱，大部分表情包我都很喜欢，但还是有一些语言过于粗俗的令我感到不适。"（A6）

在注意力经济的推动下，部分表情包创作者似乎忽视了社会责任与道德底线，把低俗图像和带有恶趣味的言辞当作创作素材。由于网络传播的便捷性与即时性，大量违背社会伦理和法律规定的表情包得以在网络空间广泛流传，这种隐性的文化渗透正在悄然侵蚀着青年群体的价值判断，削弱了他们对严肃议题应有的敬畏和尊重，阻碍了青年群体高尚品德的培养和情操的陶冶。

结　语

作为青年亚文化的典型代表，Loopy 系列表情包不仅以幽默、"阴阳怪气"、富有创意的表达方式深受青年群体的喜爱，还在无形中从起初具备戏谑与自嘲特质的亚文化形态，逐渐转变为强化社会身份认同的主流文化元素。然而，正如任何文化现象都具有两面性一样，表情包的传播也带来了一系列值得深思的问题。在便利人们进行宣泄情感、释放压力的同时，表情包对传统文化和社会价值观产生了挑战。最后，我们期待未来的研究能够更加深入地挖掘表情包的文化内涵和社会价值，为我们理解青年亚文化、推动文化交流与融合提供更为丰富的视角和思路。

·新媒体传播研究·

用更智能的方法因应智能传播

李建新[*]

摘 要 人类已经步入智能社会,面临人工智能的挑战已是客观不争的事实。智能本质上是"人"学,其实质就是适应性交互;传播是指两个相互独立的系统之间,利用一定的媒介和途径所进行的、有目的的信息传递活动。智能传播从因应人工智能的"进犯",以传播者的及时改变应对传播环境的嬗变,精准、深入、细化的编辑构想等方面,理析了智能传播的相关问题,勾勒出了一个学术研究、传承、发展、繁荣的美好愿景。

关键词 智能 传播 算法 互联 新闻

近年来,"人工智能"成为热词。笔者在研究传统文化的时候,不可避免地与其相遇,而在新闻传播领域,"智能传播"更是以"攻城略地"的方式"攻陷"了许多"山头",风头之劲,无力可当。不宁唯是,智能传播在生活中的渗透与普及也是到了一种"挥之不去"的境地。

由是,我们应该打起精神,以一种更智能的方法来因应智能传播。

一 因应人工智能的"进犯"

小米创始人雷军在回答记者提问中讲到,AI+IoT(人工智能+物联网)才是未来的风口,谁把握住了人工智能,谁就把握住了未来。1997年,一台名为"更深的蓝"的计算机战胜了代表当时国际象棋最高水平的特级大师,成为轰动世界的特大新闻;2016年,AlphaGo(阿尔法狗)战胜当今世

---

[*] 李建新,上海大学新闻传播学院教授、博士生导师,上海大学国学传播研究院院长。

界最强的围棋选手,再次挑战了人类智能的上限;最近一两年,人工智能已经到了无孔不入的大规模"进犯"人类所有领域的地步并大有压倒性优势的体现,昭示着智能时代确确实实已经来临。

人工智能技术的发展造就了全新的传播景观,所产生的新传播方式即为智能传播。智能传播指的是在充分开启人脑动能的基础上,以超级大数据为依托,以计算机技术为主轴,交叉融入数学、生理学、仿生学、哲学、心理学、社会学、生物学、语言学、逻辑学等多类学科,应用于现代传播作品组合、拼装、配送等生产环节,内容识别和产业管理等的方方面面,包括智能机器人写稿、人工智能"环境拟态"和"场景再造"、新闻图片智能识别、新闻素材智能转换(声音文字转换、视频文字转换)、新闻源头事实核查和新闻内容的个性化推送等。①

人类如果不想在这场与机器的博弈中缴械,就要研究人工智能以及它在不同领域的应用,就要在对人工智能的研究中发现自身的不足和可以弥补的短板,寻找提高的路径,就要有彰显人类智慧的信心和勇气,敢于、善于与人工智能展开直接的、面对面的比拼,敢于短兵相接的亮剑。

智能传播研究是一个因应人工智能而开设的研究领域,是一个寻求学理的学术场域。

当代生活都与"传播"紧密相关,移动设备与智能终端的出现让互联网与人类的"信息交往"日趋频密,难以分离与割舍,"智能传播"就是当代的生活、当代的工作、当代的特征与符号。

人工智能技术的发展及其在传播领域的应用,造就了一种新的传播模式,姑且把这种传播模式解读为智能传播。海量覆盖、超高用户黏性、精准智能、将转化作为目标、机器优化等是智能传播的显著特点。

智能传播在 2015 年首次进入传播学者视野,在 2015—2018 年的相关研究成果数量呈上升趋势。因此,关注、研究智能传播不仅是当代的"应急"之举,也是当代的生存之道,更是当代的发展之关键和在竞争中取胜的秘籍。我们看到也感知到人工智能实实在在的价值,以及它在不同领域的表现,不得不承认它的功效之强大和应用的不可限量。

---

① 郭全中:《大数据时代下的智能传播及其盈利模式》,《新闻爱好者》2015 年第 1 期。

就泛义的传播而言，智能传播不仅意味着新闻传播生产过程的智能化，还意味着最终产出产品的智能化。它既是一场技术引发的社会革命，也是一种根植于社会环境的时代变迁。未来的传播形态将更加突出"人"和"人工智能"的因素，可以展望为"人联网"+"智能传播"。这不仅是新闻传播技术的革命性飞跃，还是新闻传播观念的更新换代，是新闻传播生产模式的彻底颠覆，是新闻传播产业的爆发式增长，是新闻传播人才的"洗心革面"，是智能传播逐渐取代传统新闻传播的嬗变前行。智能信息聚合、智能移动互联、智能终端普及等，为广电媒体提供了实时连接的技术支持。广电媒体流程机制的智能扁平化、传播空间的立体扩展、场景的智能契合、复杂内容生产的新体验、无缝隙服务的延伸等方面构成了传播业发展的五个维度，推动了传媒功能、方法和形式上的系统性融合与多维度的发展，促进了传媒的智能化创新。

智能传播将会催生智能媒体，需要相应的理论支持与实践来匹配、实证、规范、纠偏、完善这种新的传播模式。智能传播将打破时间序列、空间限制、关系链条，让高质量的内容遇见对的人、让受众心中的期待变成媒体的适时推送，以智能理解与智能满足的方式寻求传者和受者的心灵契合。几种传播模式的比较如表1所示。

表1 几种传播模式的比较

	传统传播	网络传播	智能传播
信息丰富程度	稀缺	丰富	过载
传播模式	一点对多点 大众式传播	多点对多点 全立体、链式、病毒式传播	多点对一点 精准式传播
信息公开度	封闭	透明	高度透明
及时性与互动性	滞后	强	强
商业模式	二次销售	免费+收费	混合模式

资料来源：陈昌凤、霍婕《以人为本：人工智能技术在新闻传播领域的应用》，《新闻爱好者》2018年第8期。

二 以传播者的及时改变应对传播环境的嬗变

智能传播研究聚焦智能传播、智能媒体、新闻作品的智能编采、编辑出版的智能管理、人类的智能化生活等相关问题。很显然，这是一个面向现实需求、面向未来的研究，及时报道最新的智能传播研究成果，展开相关问题的交流与讨论，体现"智业者"的学术智慧，昭示人类智慧与传播相结合之后的化学反应，探寻智能传播中的学理、范式、法则、伦理、应用、前瞻等相关问题，都是这个研究的关键。

在大数据时代，信息已经从"稀缺""丰裕"过渡到"过载"，依托大数据技术构建信息智能匹配平台，在不断优化用户信息需求的基础上最终实现信息和用户需求的智能化匹配。融合大数据、云计算、人工智能等先进技术和手段实现智能化传播，是传统媒体转型升级的必经之路，也是新媒体发展的必然趋势。

工业4.0时代的智能制造不仅意味着生产过程的智能化，而且意味着最终产出产品的智能化。当这些智能设备被网络连接激活之后，一种与过去截然不同的传播景观就应运而生。这种全新的传播方式被称为"工业4.0时代传媒产业转型的新思维与新模式"①。这是一种依托科技力量而新生的传播模式，是一种悄然改变传播格局的模式。

学者在关注人工智能对传播的改变及其影响以及该如何面对的时候，提出过看法与观点："与其将互联网革命看作是技术引发的社会革命，不如将其看作是一种根植于社会环境的历史延续。由于社会语境在传播中的重要地位，未来的传播形态将更加突出'人'的因素，可以称其为'人联网'和智能传播。"②

"智能"在社会生活中的价值和作用日益彰显而且越来越演变为一种主导和重要的力量。因此，智能传播研究从广义的认识看，它应该服务于社会的所有领域，服务于"万物互联""万物皆媒"的现实社会。从学术的角度看，智能传播研究特别服务于人工智能、数字新闻传播与出版、传统新闻传播与出版等领域，对象包括新闻传播研发领域及相关人士、新闻传播教学科研领域及相关人士、新闻传播实务领域及相关人士、新闻传播市场

---

① 刘庆振：《智能传播：工业4.0时代传媒产业转型的新思维与新模式》，《教育传媒研究》2017年第6期。
② 陈昌凤：《未来的智能传播：从"互联网"到"人联网"》，《人民论坛·学术前沿》2017年第23期。

服务领域及相关人士、新闻传播融合发展相关领域及相关人士、新闻传播教育系统及相关人士、新闻传播管理领域及相关人士、新闻传播"智能建设""智能科技"领域及相关人士、人工智能研究相关人士、IT领域相关人士等。

智能传播研究希望以比较专业的视角关注新闻传播领域的"智能化",把更多"智能"的因素带入新闻传播领域,使"智能传播"能够为新闻传播提供新的发展方向和路径。如是,它既是对传统新闻传播的一种版本升级,也是在探求一种新的新闻传播范式。

未来的传播形态将更加突出"人"的因素,可以称其为"人联网"和智能传播。因此,智能传播研究会更加关注"人"的因素。第一代互联网应用实现了信息在不同时间和空间的连接,准确地说是"信联网";第二代互联网应用将虚拟空间和物质空间进行连接,所以称之为"物联网";第三代互联网应用的方向极有可能是实现生物信息和计算信息的连接,将"人脑/人工智能"和"电脑/人工智能"进行连接,机器学习、可穿戴设备等技术的开发和运用都在朝这个方向发展,因此可以称之为"智联网"。

智能传播研究与智联网结伴而行,不仅要紧随"智能"运动的发展,而且要导引"智能"运动的发展,在智能化的时代,谱写"智能传播"的独有篇章。智能传播不仅是新闻传播技术的革命性飞跃,还是传播观念的更新换代,是传播生产模式的彻底颠覆,是传播产业的一次爆发式增长。所有的传播人才面对这样的机遇,都需要"洗心革面""从头再来",需要以及时适时的改变来应对这样的嬗变。

三 精准、深入、细化的编辑构想

美国智能传播有值得借鉴的经验,他们在产业智能融合、传媒的智能化战略、智能传播的优势体现和未来发展等方面均进行了尝试,其中一个结论性的认知是"技术的发展必将带动硬件设备的迭代,智能硬件将成为未来传播中的重要引擎动力"。[①]

[①] 王友良:《美国智能传播在新闻融合媒介发展中的应用》,《浙江传媒学院学报》2018年第3期。

当前学术界并无以智能传播为专门研究对象的刊物。中国科技新闻学会主办的《科技传播》（创办于2009年，复合影响因子0.13，综合影响因子0.04）聚焦于以科技内容为主的新闻研究，对技术对新闻传播产生的影响关注甚少，2015年至今，仅有5篇人工智能技术在传播领域的变革影响与应用相关文章。中国新闻技术工作者联合会主办的《中国传媒科技》（创办于1993年，复合影响因子0.12，综合影响因子0.05）自2016年起陆续发表过4篇相关文章，相较于其发刊体量仍然只是极少部分。

在知网中以"智能传播"为主题检索词进行检索发现，近五年发文量为54篇，其中2018年为峰值，共有31篇。从学者维度来看，原南方报业传媒集团战略运营部副主任、现中共中央党校（国家行政学院）研究员郭全中以7篇的发文量领先，代表作有《传统媒体大数据转型的实践、问题与对策》（发表于《现代传播（中国传媒大学）》2017年第12期）、《大数据时代下的智能传播及其盈利模式》（发表于《新闻爱好者》2015年第1期）、《智能传播：我国互联网媒体演化的最新传播方式》（发表于《传媒评论》2017年第1期）等，从传统媒体转型、传媒经济等视角进行深度剖析。

智能传播最根本的动力引擎是人工智能技术，而人工智能技术的底层逻辑源于算法，算法入局意味着传播从主观感性走向理性。

以往，传播者判断信息内容如何到达受传者靠的是经验，某类信息可能会引起某特定人群的关注。借由算法，一方面，平台通过在互联网上自动抓取内容，再运用计算算法和少量的人工进行分类编排形成新闻；另一方面，平台通过记录用户点击和选择等上网行为数据，通过智能计算机算法精准分析用户的兴趣和内容需求，从而将用户感兴趣的内容推送给用户，以此增加用户黏性，带来流量经济。运用拉斯韦尔经典理论"5W"模式来分析人工智能技术在新闻生产各环节的改观可以发现，人工智能技术主要影响的还是传播内容的采编及分发过程①。

机器新闻（亦被称为自动化新闻或算法新闻），即人工智能借助算法重构新闻写作的产物。新闻写作机器人被人工智能算法圈定信息获取领域，算法依照层级筛选获得精准信息，在此过程中无须人每次都重复输入指令，

---

① 舒悦等：《基于算法的个性化信息推送服务》，《新闻研究导刊》2018年第1期。

确定新闻素材后，人工智能将进行初步的文档规划，确定新闻文章的大致框架结构。到新闻文章怎么写的环节，人工智能将对这篇文章进行微观层面的剖析，从遣词造句到段落生成，最后依照逻辑顺序进行段落组合。人工智能虽不具备思考能力但依靠算法上的设定可以进入"机器自省"过程，完成机器层面的校对审核。

人工智能技术帮助新闻内容更加快捷、准确地抵达受众群体。在媒介融合的形势驱动下，主流媒体与媒介平台合二为一，最终呈现全媒体平台化，构筑全新属性的平台——算法推荐平台。传统媒体的议题设置，主要取决于当时的新闻热点、宣传管理部门的指令、媒体同行的选择和编辑记者的经验。人工智能技术出现后，媒体议题设置和编排分发的旧有规则被打破了。算法推荐新闻，以及受众之间的相互推荐，逐渐开始争夺内容分发的主导权。传统媒体转型布局网络媒体矩阵，积极入驻并融入算法推荐平台（如传统纸媒、党媒代表——《人民日报》与百度 App 达成战略合作，共建给予算法推荐分发内容的"人民号"），至此，旧有的人找信息的格局被打破，转变为"信息找人"。互联网中的用户行为成为个体在网络社会中的标签，通过层层标签可以构建个体的信息数据库，而这些数据借助算法计算分析，将信息内容进行精准匹配并传送到个人的智能设备上。

如是，智能传播的精准、深入、细化将是未来传播的一个标尺，改变的是模式，体现的是信息传播的精准和高效。为了匹配这一新的传播模式，智能传播研究者也应在精准、深入、细化方面着力，并以学理探求与"得"智、史论流变与"传"智、专题研究与"心"智、前沿关注与"机"智、拓宽视野与"益"智、助力新变与"启"智、谋篇布局与"弈"智、旁敲侧击与"借"智、轻松读解与"逗"智、循规蹈矩与"法"智、独家披露与"见"智、全景关注与"大"智、个性独显与"人"智、广开言路与"众"智等这些具体的方式来体现。

四 内容智能分发平台的创新

内容智能分发平台对新闻信息的聚合作用是在新闻传播中最明显的创新。先前一直占据新闻传播主要渠道的传统媒体在很大程度上受到了出版版面有限、出版时间固定的限制，其新闻抓取能力和处理技术也受到影响，导致其每期期刊的新闻信息容量和新闻更新速度都不够理想。而时效性又恰是新闻传播价值的重要体现。内容智能分发平台的应用推动了信息传播的"量"与"速"显著提升。

第一，网络爬虫技术的应用。"今日头条"作为一家以科技为本质、以媒介为属性的公司，利用其科技优势，在互联网超链接网络的基础上通过网络爬虫来搜集信息，并将其中的新闻资讯进行汇总和分类，新闻信息的来源可无限拓宽，新闻信息的推送也相继丰富和高效。

第二，鼓励用户生产原创内容。"今日头条"开启"青云计划"，该计划为内容优质的文章设立专项奖励金，无视夸张、引人瞩目的噱头，仅仅关注内容本身，引导用户树立以内容、思想为重的正确价值观。"今日头条"将用户原创内容纳入信息来源呈现给更多的用户，在激发用户创作潜力的同时，拓宽了平台的信息来源，提高了独家内容和原创内容的占比。"今日头条"也会通过为用户提供选题、调查、用户阅读行为分析报告，来帮助用户进行内容生产。

第三，"同步发文"功能实施。"今日头条"开放平台接口，通过其他编辑平台链接，将用户在其他平台上发布的内容同步到"今日头条"平台上。这一举动不仅从内容数量上拓宽了信息来源，还通过其他平台的信息来源将不同平台的用户联系到一起，形成弱关系群体。

五 信息的多形式传播

内容智能分发平台对新闻资讯平台的综合性升级也是新闻传播中的创新举动。除了新闻信息，传统媒体也会提供多样化的信息，如教育、生活的内容板块，但因为版面有限，这些板块的内容与核心新闻关联度较低，与专门的生活类、教育类应用相比内容较少，无法对其中的一部分内容进行深入表达，仅仅只是在一定程度上缓解严肃的核心新闻的枯燥和拉近与受众之间的距离，并未真正展现这些多样化板块的内容价值，也难以吸引受众。"今日头条"在核心新闻资讯的基础上设置了直播、短视频、实用服务信息等板块，在增加多元板块的同时，通过内容智能分发平台实现用户和内容的精准匹配，丰富了多元板块的信息内容，不断满足用户需求，对用户产生了足够的吸引力，避免用户在新闻、视频等不同应用平台的切换，也将自身升级成为综合性信息平台。

六　用户主导的新闻传播模式

除了新闻生产的创新，内容智能分发平台的应用使新闻传播的模式也产生了显著的变化。用户主导内容消费互联网技术的发展，让原本藏匿在世界各地的信息触手可及。社会信息化程度越来越高，给人们的生活和工作带来巨大便利的同时，产生了负面影响。翻开报纸、打开网页，巨大的信息流瀑布呈现在眼前，在这个"信息爆炸"的时代，无论是传统媒体还是互联网新闻网站，其新闻传播模式大多直接、强势、"一刀切"地将新闻"推"到受众面前。而受众需求是多样的，接受信息的能力也有差异。这种由媒体主导信息的模式难以满足受众不同的信息需求。"今日头条"运用内容智能分发平台对用户的年龄、爱好等信息进行初步搜集，再运用算法分析用户的使用数据，逐步建立用户的兴趣体系，为用户精准推荐满足其个性化需求的新闻资讯，将用户"拉"过来。这样的信息传播理念和功能设置更重视受众的个性化需求和自主选择性，将传播内容的主动权交给了受众，在满足受众新闻需求的同时，增加受众对该应用的黏性，并从侧面不断督促应用平台的算法技术革新和新闻内容的多样化呈现，使传播者和受众的关系达到和谐统一，形成互惠互利的双赢局面。

七　内容智能分发平台面临的挑战

（一）缺乏优质内容

内容智能分发平台可以根据每位用户的信息需求定制个性化新闻内容推送，这一形式可以成为"今日头条"吸引用户的一大特点，但究其本质，新闻资讯的魅力在于内容本身，决定用户是否"驻足"的是平台可提供的新闻内容的质量。而"今日头条"现阶段的优质内容来源匮乏的问题依然没有得到解决，"今日头条"建立初期，其优质内容基本以使用传统媒体生产的内容为主,但在后期版权纠纷不断,传统媒体凭借自身生产的优质内容,以及政府为缓解传统媒体经营压力的财政补贴,足以维持生存,与"今日头条"合作为其提供优质内容的不确定性增加。另外,传统媒体的新闻内容均由专业人员生产、把关,而"今日头条"的信息中很大一部分内容由普通用户生产,加上"今日头条"的原创内容评价体系以文章阅读量和话题热度为评判标准,可能会引导创作者生产低俗、失真、缺乏新闻价值的作品,再经过内容智能分发平台的推送,将问题新闻信息的负面影响进一步扩大。

(二)用户易形成"信息茧房"

内容智能分发平台通过算法技术推送新闻信息在一定程度上满足了用户的信息需求,但这样的人工智能技术目前仅仅处于弱人工智能水平阶段,平台推送结果存在问题。"今日头条"的内容推送方式是通过用户自主选择的兴趣分类和日常浏览较多的信息来进行后续的内容推送。这样的内容推送方式会导致用户阅读的内容与之前的相似,无法打破主题限制,也无法激发与满足用户的全面阅读兴趣和不断改变的信息需求,形成了"信息茧房"。另外,在用户自主选择的传播模式下,用户容易基于直接的心理反应,排斥阅读不感兴趣或不认同的新闻信息和新闻观点,只关注自己认同的新闻信息和新闻观点,得到一种自我麻痹式的心理舒适和满足。而算法的推送加剧了这样的状况,像是为用户建立了天然的屏障,自动屏蔽用户不喜欢的信息。长期如此,用户信息接受单一、视野维度被限制、行为和思想被惯性想法直接引导,对其他领域的认知越来越少,难以接受与自己相悖的观点,沉浸于自我的"围城"中浑然不知,思维片面化加剧。这也是"今日头条"低俗信息泛滥的重要原因。

(三)社会整合功能的缺失

新闻业在社会运行中扮演着重要的角色,拥有传播信息、与公众沟通、采集整合社会舆论、推动社会进步的功能。传统媒体作为意见领袖,在议程设置中为公众提供公共议题,以发现社会舆论风向,最后反馈给社会。但在这个信息发达的时代,传统媒体失去了对传播渠道、传播信息的掌控,内容智能分发平台将新闻信息的掌控权交给了受众，热点话题的选择是由受众兴趣决定的。这样的个性化传播方式产生的个性化阅读，很可能会导致受众成为信息流中千万个"孤岛"，出现公共话题的地位被削弱、议程设置难以进行的局面。没有良性议程设置的社会，即没有充足完备的公众反馈的社会，社会与公众不再是一个相互依存的整体，单方面的独大或者两者的脱离所产生的不平衡状态是难以维系社会的持续发展的。另外，"今日头条"为实现多元化传播形式、迎合市场消费热度引入短视频板块和直播板块，但短视频和直播的兴起导致了过度娱乐化，影响了用户对严肃公共话题的注意力。

数字出版时代优质有声产品的制作与运营路径*
——以喜马拉雅 FM"类星体剧场"为例

杨翠芳　张伊倩**

摘　要　《出版业"十四五"时期发展规划》对数字出版发展提出了新的目标和要求，有声读物作为数字出版的重要组成部分，同样面临着打造优质产品、实现融合发展的新目标。本文以喜马拉雅 FM"类星体剧场"栏目为例，考察其优质有声产品的制作与运营路径，发现该栏目在有声化过程中坚持"内容为王"与精品化制作，严把各个流程的质量关，注重后期推广营销。该栏目的一些经验可以为有声产品的发展提供若干参考性建议。

关键词　"十四五"　数字出版　有声产品　喜马拉雅 FM

一　我国数字出版产业发展概况

"我国数字出版产业萌芽最早可追溯到印刷行业的数字化。"[①] 1987 年 5 月 22 日，《经济日报》四个版面全部采用激光照排，出版了世界上第一张采用计算机屏幕组版、整版输出的中文报纸。[②] 肖洋认为，激光照排技术实

---

*　本文系湖北高校省级教学研究项目"新文科背景下湖北地方高校新闻传播专业课程思政的资源挖掘与路径创新"（2022191）的阶段性研究成果。
**　杨翠芳，湖北大学新闻传播学院教授、博士生导师；张伊倩，湖北大学新闻传播学院 2021 级硕士研究生。
①　肖洋：《我国数字出版产业发展战略研究——基于产业结构、区域、阶段的视角》，博士学位论文，南京大学，2013。
②　付朝欢：《〈告别铅与火〉：汉字激光照排技术，让印刷洗尽"铅"华》，澎湃新闻网，https://www.thepaper.cn/newsDetail_forward_5285620，检索日期：2022 年 5 月 15 日。

现了计算机处理汉字，联合输入、压缩编码技术推动了信息时代的载体转变，造就了便于信息检索的磁盘光盘和直接阅读文本的电子报纸，这些都推动着人们去重视新技术在出版活动中的应用。① 紧接着，印刷技术快速发展，出版业很快进入数字印刷时代，数字出版产业也随之向前迈进。经过二十余年的发展历程，我国数字出版业于 2009 年首度超越传统书报刊出版物的生产总值，达到 795 亿元人民币。②

"十一五"期间，我国数字出版产业营销收入增长迅速，从 2006 年的 213 亿元，增长到 2010 年的 1051 亿元，同时形成了从内容提供、平台建设到终端服务的较为完整的产业链条。③ "十二五"期间，我国数字出版产业收入从 2011 年的 1378 亿元增长到 2015 年的 4404 亿元，年均增长率达 32%。④ "十三五"期间，技术创新为数字出版产业的发展赋能。"一方面，数字技术的发展推动数字出版产业实现深度融合，构建数字出版产业全新生态；另一方面，数字技术推动出版企业以更便捷、更智慧的方式为人们提供知识服务。"⑤ 据《2020—2021 年中国数字出版年度发展报告（摘要）——"十三五"收官之年的中国数字出版》，在"十三五"收官之年（2020 年），全年数字出版产业整体收入规模超过万亿元，达到 11781.67 亿元，为"十三五"的圆满收官交出了一份合格答卷。⑥

当下正处于"十四五"时期，《出版业"十四五"时期发展规划》（以下简称"十四五"规划）明确提出"壮大数字出版产业"，要"实施数

---

① 肖洋：《我国数字出版产业发展战略研究——基于产业结构、区域、阶段的视角》，博士学位论文，南京大学，2013。
② 中国新闻网：《去年中国数字出版业总产值达 795 亿超传统出版业》，央视网，https://www.cctv.com/cctvsurvey/special/03/20100511/103722.shtml，检索日期：2022 年 5 月 15 日。
③ 新华社：《"十一五"期间我国数字出版产业营销收入增长迅速》，中国政府网，https://www.gov.cn/jrzg/2011-11/10/content_1990116.htm，检索日期：2022 年 5 月 15 日。
④ 中华读书报：《"十三五"数字出版产业重点布局五个方面》，光明网，https://epa-per.gmw.cn/zhdsb/html/2016-07/27/nw.D110000zhdsb_20160727_5-01.htm#:~:text=%E2%80%9C%E5%8D%81%E4%BA%8C%E4%BA%94%E2%80%9D%E6%97%B6%E6%9C%9F%EF%BC%8C%E4%A2%9E%E9%95%BF%E7%8E%87%E8%BE%BE32%25%E3%80%82，检索日期：2022 年 5 月 15 日。
⑤ 刘锦宏、张玲颖：《"十三五"时期我国出版产业科技创新发展路径回溯》，《中国出版》2020 年第 24 期。
⑥ 中国数字出版产业年度报告课题组：《2020—2021 年中国数字出版年度发展报告（摘要）——"十三五"收官之年的中国数字出版》，《出版发行研究》2021 年第 11 期。

化战略,强化新一代信息技术支撑引领作用,引导出版单位深化认识、系统谋划,有效整合各种资源要素,创新出版业态、传播方式和运营模式,推进出版产业数字化和数字产业化,大力提升行业数字化数据化智能化水平,系统推进出版深度融合发展,壮大出版发展新引擎"。[1] 在"壮大数字出版产业"的目标下,"十四五"规划列出四项重要任务,分别是着力推出一批数字出版精品、大力发展数字出版新业态、做大做强新型数字出版企业、健全完善数字出版科技创新体系。

"当前数字出版中普遍存在平台多、产品少、精品项目少的问题。产品是平台的基础,也是产业繁荣的根基。"[2] 因此,加强数字出版产业的产品建设是"十四五"时期数字出版产业发展规划的一个基础与重点。

那么,如何打造精品数字出版产品,为产业繁荣奠定稳固根基,促进数字出版产业的健康发展?本文以喜马拉雅FM"类星体剧场"为例,探究精品数字出版产品的制作与运营路径,为打造精品数字出版产品提供相关建议。

二 案例探究:喜马拉雅FM"类星体剧场"

作为数字出版产业的重要组成部分,有声读物市场近年来发展迅速。《2019—2020中国数字出版产业年度报告》称,声音经济正在全球悄然崛起,有声读物、播客等有声内容已成为全球出版传媒业的重要增长点,具有良好的发展前景。[3] 《2020—2021中国数字出版产业年度报告》指出,2020年以来,有声读物呈现精品化、智能化、场景化发展态势。此外,根据中国新闻出版研究院《第十九次全国国民阅读调查报告》数据,2021年,我国有三成以上(32.7%)的成年国民有听书习惯,较2020年的平均水平(31.6%)提高了1.1个百分点。从成年国民倾向的阅读形式来看,2021

---

[1] 国家新闻出版署:《出版业"十四五"时期发展规划》,国家新闻出版署官网,https://www.nppa.gov.cn/xxfb/tzgs/202112/t20211230_666304.html,检索日期:2022年5月15日。

[2] 本刊编辑部:《专家解读〈出版业"十四五"时期发展规划〉关于融合发展的战略思路》,《科技与出版》2022年第3期。

[3] 中国新闻网:《报告:有声内容已成为全球出版传媒业的共同增量》,中国新闻网,https://www.chinanews.com.cn/gn/2020/12-21/9367828.shtml,检索日期:2022年5月15日。

年，有7.4%的成年国民倾向于"听书"。① 《2021年度中国数字阅读报告》显示，2021年人均有声书阅读量7.08本。② 以上数据表明，有声读物在全民阅读工作中发挥着愈加重要的作用。

乘着声音经济发展的东风，喜马拉雅FM从产品发力，打造一系列精品有声读物，其中"类星体剧场"聚集众多精品科幻作品，成为科幻迷"听科幻"的一大基地。"类星体剧场"的简介为"专注科幻、魔幻类顶级IP，邀请国内一线CV团队制作，让诸多KOL参与作品解读，让更多人爱上科幻、魔幻，打造国内幻想文学粉丝的精神家园"，体现其着重打造一批精品有声读物的发展策略。该栏目作品《流浪地球——刘慈欣经典作品集》（有声版，以下简称《刘慈欣经典作品集》）则入选了"2021年全国有声读物精品出版工程"。

（一）"类星体剧场"有声产品的制作亮点

自创建以来，"类星体剧场"采取一系列方法提高作品质量，推出了一批优质的科幻类有声产品，受到用户的大量好评。"类星体剧场"打造优质有声产品的路径颇具代表性，在制作与运营方面都有较多的亮点。

1. 优质文本提供创作基础

以入选作品《刘慈欣经典作品集》为例，这张专辑由喜马拉雅与山西春秋电子音像出版社有限责任公司联合出品，除《流浪地球》外，还包括《超新星纪元》《赡养人类》《带上她的眼镜》《全频带阻塞干扰》《白垩纪往事》《地球大炮》《朝闻道》《鲸哥》《诗云》《地火》等作品，其中多部作品曾获得"中国科幻银河奖"。

优质的原著为有声读物的创作提供了良好的基础，"类星体剧场"深谙此道，除《刘慈欣经典作品集》外，"类星体剧场"还挑选国内外多部经典科幻魔幻作品进行有声书、有声剧的再创作，例如《齐马蓝》《沙丘序曲》《星之继承者》等。这些作品大多出自国内外知名作者，在科幻与魔幻文学

---

① 中国全民阅读网：《第十九次全国国民阅读调查主要发现》，国家新闻出版署官网，https://www.nppa.gov.cn/xxfb/ywdt/202204/t20220425_665265.html，检索日期：2022年5月17日。

② 中国音像与数字出版协会：《2021年度中国数字阅读报告》，"人民日报数字传播"百家号，https://baijiahao.baidu.com/s?id=1731047335417994465，检索日期：2022年5月17日。

领域享有盛名，自带庞大读者群。

2. 专业演播人员带来"沉浸式听书"享受

有声作品中，演播人员"以传统出版物、数字出版物以及网络出版物的文本内容为基础，用声音进行艺术创作、演绎"。① 由此可见，"声音"是引领听者迈向书中世界的引导者，也是连接现实与虚拟的桥梁。在进行纸质书阅读时，尤其是对于幻想类作品，读者通过阅读文字，以一种不受外力干扰的方式在脑海中进行对世界观、事件、人物的想象活动。而在有声作品中，文字符号不再是可见的，听者通过"声音"接收文本内容，书中的世界观、事件以及人物都以"声音"为基础向听者徐徐展现。因此，演播人员的音色、音调，"声音"中相应的情感，都对一部有声作品是否能引导听者沉浸于故事情节有着极其重要的影响。

基于上述内容，在优质文本的选择之外，制作团队对演播人员的挑选同样有着高标准与高要求。《刘慈欣经典作品集》的演播者王明军是著名配音演员、中国传媒大学播音主持艺术学院副教授，拥有多年影视配音艺术创作的经验。另一位演播者则是知名演员于和伟，对声音同样有着较强的把控能力。《潘神的迷宫》这张专辑的演播者金戈戈则是长影资深配音演员。

在"类星体剧场"，有声作品的演播者通常是有着多年配音经验的专业从业人员，为保证"声音"的高质量，一些作品的制作方还拥有完整的配音团队，并且邀请专业院校的教师进行配音指导，从而为听者打造一个"沉浸式听书"的环境。这些专业的演播人员，运用娴熟的声音技巧，精准把握作品创作基调，能够完美塑造人物形象，用声音诠释和传播作品的信息和价值，使用户获得听觉享受。

3. 专业音频制作呈现良好听觉效果

除演播人员的声音叙事外，环境音、背景音乐、音效一样影响着有声作品听觉效果的呈现。周小莉认为，具备环境音的有声读物拥有简单的声音叙事无法企及的现场感、真实感与代入感，为基本框架中的叙事情节起到了深描或聚焦作用；而背景音乐、音效等则为有声作品加强了氛围渲染

---

① 秦艳华、王元欣：《我国有声阅读出版物排行榜的问题、对策及价值实现》，《中国出版》2020年第21期。

与情感表达。① 这些工作都需要在后期的音频制作中进行。

如《刘慈欣经典作品集》的音频制作团队为"虚度蓝",该工作室自成立以来,整合了一个由国内一线配音导演、配音演员、音频制作人、音乐创作人、编剧、文案策划等人员组成的产品创制作团队,在 IP 内容研发创作、广播剧制作、电台声音形象包装策划制作、有声节目制作等方面,具备了顶级生产能力。② 这种生产能力反映到有声作品的后期制作中,就体现为干净无杂音的声音叙事,恰当的环境音、背景音乐等音效的运用,流畅的音频剪辑与转场,从而给听者呈现了一种良好的听觉效果,提高了"听书"质量。

(二)"类星体剧场"的运营亮点

1. 创意设计激发用户兴趣

创意设计主要指"类星体剧场"在喜马拉雅 FM 网页版以及 App 上的海报设计与页面版式设计。为了符合"科幻魔幻"这一主题,"类星体剧场"在海报与页面设计上运用多种视觉符号,从而激发用户"听书"的兴趣。

在网页版上,"类星体剧场"每一部有声作品都有其独属的海报,且每一张海报都是根据作品特色进行设计,大量运用银河、星球、飞船等视觉符号。相较于网页版,"类星体剧场"在 App 的页面制作上更为和谐统一。在喜马拉雅 FM 的 App 中搜寻"类星体剧场",最引人注目的就是"承载关于想象力的一切·类星体剧场"的标题。"类星体剧场"App 版本以"科幻基地"为关键词进行设计,以星空的蓝绿色为主色调,充斥着整个页面的主背景是摆放着大型科学设备的平原与山丘。在这种设定下,每一部有声作品都是陈列在这个"科幻基地"里的某种充满未知的事物,等待用户去探寻。

虽然用户将要进行的是"听"这一动作,但是在"听"之前,仍会经历内容上的选择,这种内容选择以"看"为渠道去完成。通过各种视觉符

---

① 周小莉:《有声读物中的声音叙事策略研究》,《科技与出版》2022 年第 2 期。
② 中国网:《电影级质感的广播剧〈雪国列车〉 好作品是这样炼成的》,人民网,http://ent.people.com.cn/n1/2019/0708/c1012-31221153.html,检索日期:2022 年 5 月 21 日。

号的运用吸引眼球,从而促使用户选择确切的作品去"听",就是这些海报和页面设计的作用与目的。

"类星体剧场"一方面注重视觉呈现,另一方面相较于网页版更着重于 App 上的整体设计,这种情况也与在 App 上听书更具有便捷性相关,符合"戴上耳机,随时听书"的场景。

2. 多种营销手段结合进行引流

第一,主动设置话题,引发讨论。于和伟是《刘慈欣经典作品集》的演播人员之一,同时他也是刘慈欣另一部知名作品《三体》电视剧版的主演,这样一来,于和伟的"演"与"播"便成为大家讨论的话题,这种"跨界+刘慈欣宇宙"的模式极易引发大众的讨论,从而达到引流的目的。

第二,利用"名人效应"进一步提高"声量"。除了于和伟,"类星体剧场"还邀请了潘粤明等明星进行演播,邀请科幻魔幻领域的知名人士进行相关话题的探讨。同时,知名歌手胡夏为该剧场献唱主题曲"觉醒想象"。这些都是对"名人效应"的充分挖掘和对相关资源的进一步拓展,最终为该栏目成功赢得用户。

第三,运用多种渠道进行品牌营销。除喜马拉雅 FM 网页版及 App 外,微博、微信、哔哩哔哩视频网站都可见到"类星体剧场"的相关信息。"类星体剧场"的制作团队也会以相关工作室或个人的名义进行宣发。这些新媒体矩阵与社交账号持续推出相关内容,打造"类星体剧场"品牌。

3. 科幻社群提升用户黏性

与传统纸质出版物相比,作为数字出版物的有声读物更容易促成听者之间的互动、听者与出版方的互动,也更有利于相关社群的形成。

"类星体剧场"依托喜马拉雅 FM 这一有声阅读平台面向受众。第一,喜马拉雅 FM 的有声作品设有交流讨论区供用户进行讨论。优质原著文本因其深度性与复杂性,常常会使听者就内容进行热烈的交流。第二,除评论区外,"类星体剧场"还建立了专门的官方交流群,聚集科幻迷进行多种话题的讨论学习。第三,"类星体剧场"不定期邀请各行各业的科幻专家,分享、解读有关科幻书籍、影视、游戏和潮流文化的方方面面,并且不定期在"My Club"进行直播。

"类星体剧场"的运营策略符合自身"科幻基地""科幻迷精神家园"

的定位。"类星体剧场"用高质量的有声作品吸引用户，再用科普、话题讨论与交流等一系列互动手段提升用户黏性，满足"科幻迷"对种种科幻设定的求知欲与交流欲，从而为其未来作品培养了一批忠实的受众，有利于该栏目的良性循环发展。

三 未来有声读物市场的发展建议

（一）加强版权合作，实现双向赋能

拥有版权意识是有声读物市场健康发展的必备条件。李安认为，有声读物的出版需要作者、演播人员、录制者、传播者等多个主体协作完成，版权工作贯穿整个出版过程：演播人员演播作品，需要获得作者的表演权许可；录制者录制作品演播视频，需要获得作者的复制权许可和表演者的录制权许可；传播者使用作品，需要获得作者、演播人员以及录制者的传播权许可，在数字环境中，这一项主要指的是信息网络传播权。[①]

李安认为，有声读物的版权许可在实践中主要存在两个问题：一是无版权许可的侵权行为频发；二是有版权许可，但许可不规范导致侵权行为多发。[②] 其中又以前者为大多数。众所周知，在一部有声作品的创作过程中，选择合适的原著是关键，这就牵扯到文字作品的版权问题。在法治社会中，良好的版权意识是维持有声读物市场秩序的基础，也是精品有声作品诞生的起点，这需要有声阅读平台和传统出版集团的共同配合。

例如，2021年5月，山西出版传媒集团与喜马拉雅签订全面战略合作实施协议，双方的战略合作涵盖了超400本电子书、有声书的版权合作。《刘慈欣经典作品集》就是双方合作的产物。除了山西出版传媒集团，喜马拉雅还与中国妇女出版社、磨铁图书等出版公司进行了战略合作。[③]

---

① 李安：《有声读物版权许可的问题与对策——基于115份判决书的实证研究》，《科技与出版》2021年第6期。
② 李安：《有声读物版权许可的问题与对策——基于115份判决书的实证研究》，《科技与出版》2021年第6期。
③ 《喜马拉雅与妇女出版社、磨铁、果麦等深度合作，推动出版业融合发展》，北京商报网，https://www.bbtnews.com.cn/2022/0331/433175.shtml，检索日期：2022年5月25日。

互联网平台与出版公司的深度合作可以在诸多方面发挥作用。第一，双方通过版权合作，以正版书籍为基础进行有声创作，加强了版权保护；第二，互联网平台为出版社、作者与用户的沟通搭建了桥梁，缩短了出版社与用户间的距离；第三，出版机构在喜马拉雅FM等互联网平台的帮助下，打通线上线下用户生态链，有利于出版机构拓宽营销渠道、扩大消费群体，增加变现路径。

总而言之，在未来有声读物的制作运营中，互联网平台要与出版机构加强版权合作，以各自的优势相互赋能，达到合作共赢的目的。

（二）注重内容品质，平衡流量与口碑

有声读物以文字原作为基础，其内容质量的高低关系到成品的最终效果。作为依靠数字技术而生的产品，有声作品要在新媒体时代吸引用户，就面临着要"流量"还是要"品质"的选择。以喜马拉雅FM为例，该平台在UGC（User Generated Content，用户生成内容）与PGC（Professional Generated Content，专业生产内容）两方面双重发力，形成了PUGC（Professional User Generated Content，专业用户生产内容）的内容生产模式。UGC内容的涵盖范围广、题材多样化，可以在最大程度上为平台发展注入活力；而PGC内容则容易成为平台的核心竞争力，是喜马拉雅FM有声书频道的发展支柱。对于体量庞大的音频分享平台，优质的有声作品仍然是留住用户的主要手段。

一部有声作品要经历文字内容选择、配音录制、后期制作以及发行运营等阶段才能到达受众面前，平衡好"流量"与"口碑"就要在各个阶段精准发力。

1. 坚持"内容为王"思想

现在是"酒香也怕巷子深"的时代，但是想要"酒香"传出去，依然离不开"酒"这个基础。因此，虽然是"听书"，但原作文本依然是有声作品的核心。坚持"内容为王"，一方面要寻找"过去"，开发经典名著与知名网络文学；另一方面要紧盯"当下"，对时下热门作品进行及时的有声化创作。同时，平台也要培育新兴作者，从源头处拓展有声产品的创作基础。

2. 坚持精品化制作流程

"类星体剧场"中有声作品的一大特点就是"精品化制作",从演播人员到后期的音频制作,通常情况下都由专业团队操刀完成。

随着有声读物市场规模的扩大、资本的进入以及各个平台的角逐,受众对有声作品的审美也在逐步提高。演播人员吐字不清晰、与内容或者角色不适配,音频有杂音,音乐音效不适合等不足会让受众丧失收听的欲望。为了满足受众的收听要求,有声作品的制作标准逐渐提高,专业的配音团队、后期制作团队进入市场发力,从而出现愈来愈多的优质作品。不管是互联网平台还是传统出版单位,都要严把各个流程的质量关,坚持精品化制作流程。

3. 进行适当营销

"内容为王"与"精品化制作"是打造精品有声作品的前提条件,营销则是吸引受众、平衡好"流量"与"口碑"必不可少的环节。有声作品发行方要结合多种手段、利用多种渠道进行适当营销,如拓宽营销渠道、注重线上推广、利用"名人效应"等。

(三)形成品牌意识,加强品牌化运营

在保证优质产品产出的基础上,有声读物制作各个环节的主体要形成品牌意识,打造口碑,加强品牌化运营。

从互联网音频分享平台出发。以喜马拉雅FM等平台为例,PGC内容是打造口碑、提升品牌效应的重要工具。这类音频分享平台一方面要强化PGC有声内容生产,保证产品质量,提高核心竞争力;另一方面要充分利用自身所拥有的海量用户数据和在有声领域深耕多年的开发制作经验,以及身为头部平台擅长营销的优势,精准把握用户喜好,培养用户多场景"听书"习惯,提高用户"听书"频率。

从传统出版单位出发。在数字出版不断发展,有声读物市场日渐红火的背景下,传统出版单位也要顺应市场潮流积极转型升级。相较于互联网平台,传统出版单位在出版领域有着积累多年的口碑,形成了一定的品牌形象。因此,在转型升级的过程中,充分发挥口碑优势,制定品牌策略,对旗下有声产品进行品牌化运营是一种可选方案。具体来说,就是要以出

版单位自身品牌为营销推广的基础，注重线上线下的广告宣传，通过出版社品牌标识、品牌标语的反复投放，强化其在有声出版领域的存在感。在以新兴业务提升已有用户黏性的同时，吸引潜在用户。

从演播人员出发。演播人员是将文字有声化的关键。喜马拉雅FM扶持头部主播，以演播人员为"招牌"进行引流，提高有声作品热度。该平台签约主播"有声的紫襟"是主播扶持计划的典型案例，该主播曾在2019年入选福布斯中国"30岁以下精英榜"，截至2024年6月，"有声的紫襟"拥有粉丝2595.4万。作为头部主播，他的作品是喜马拉雅FM有声书分区各项排行榜前列的常驻选手。喜马拉雅FM为主播与用户提供了直接沟通互动的通道，将这些用户进行聚合。在上述多种措施下，主播向"品牌化"发展，一个头部主播就是一块"活招牌"，从而为该主播的一系列后续作品奠定了用户基础。

与演播人员的发展趋势相似，综合性的音频制作团队、工作室等也在向"品牌化"发展，如业界知名的"光合积木""729声工场"等都在参与有声作品的制作，这也是作品推广营销的一个亮点。

（四）强化IP运作，凝聚用户情感

在信息技术革命和资本力量的双重推动下，"IP成为当下最炙手可热的高频词和文化产业领域的热门商业模式"。[①]"类星体剧场"专注科幻、魔幻类顶级IP，以大量优质内容吸引受众、引发粉丝群体的情感共鸣，兼具"符号价值、经济价值以及品牌价值"。[②]

强化IP运作可从两方面入手。第一，完善有声产品，使其系列化。"类星体剧场"在进行IP的有声化创作时并不拘泥于对原作文本的有声化，还包括人物设定的讲解、周边新闻、幕后故事等相关内容。如《沙丘序曲》这张专辑中就有大量的原作设定介绍。IP经济归根到底是粉丝经济，《文本盗猎者》中提到，粉丝明白故事是被建构出来的，他们贴近虚拟世界，以便更好地欣赏这个世界给他们提供的欢乐，但这种亲密感只可能在这个想象中的世界保持其可信度和一致性的时候才能够维持，因此粉丝们会执着

---

① 陈维超：《情感消费视域下网络文学IP热现象研究》，《中国编辑》2019年第1期。
② 陈维超：《IP热背景下版权经营的变革与创新》，《科技与出版》2017年第9期。

地重视几乎所有看似琐碎的细节。① 因此，若是要满足粉丝对神奇瑰丽的想象世界的情感需求，制作者在作品有声化的过程中，除了要注重细节设定的合理改编，还可辅之以大量的文本解读和IP故事的幕前幕后信息等内容，以加深与粉丝的亲密感。此外，同一个IP的粉丝在进行剧情内容的讨论时会有一套属于自己"圈子"的话语逻辑和叙事框架，如《刘慈欣经典作品集》里出现的"刹车时代""飞船派""地球派"等，只有了解故事设定的人才懂得其含义，通过原作之外的系列内容对这些设定进行多次介绍，促使听者在这套特有的叙事框架下进行互动、探讨设定，也会增进其对作品的熟悉和喜爱，从而有利于用户情感的凝聚。

第二，将有声化产品融入全版权运营。"文学网站通过签约、代理、成立工作室等途径将版权经营的形式从线上发表延伸到实体书出版、动漫动画、影视改编、游戏制作、衍生品授权、展览，等等，形成一次生产全方位售卖的立体格局，众多的著作权人权利和涵盖领域广泛的运营模式被称为全版权运营。"② 以《三体》为例，成立于2018年的"三体宇宙（上海）文化发展有限公司"（简称"三体宇宙"）以文学作品《三体》为主，专注于幻想类IP的开发和运营。其在喜马拉雅FM上线的《三体》广播剧和有声书系列成绩优秀，截至2022年5月，有声书播放量已破3.5亿。在内容制作方面，"三体宇宙"建立了世界观小组，以"辞典"的形式编写《〈三体〉世界观》，以保障《三体》IP开发过程中持续、统一的人物、科技、时间宇宙观以及视觉设定。③《〈三体〉世界观》由三体宇宙世界观小组根据原著内容梳理编撰，详尽解释了《三体》中的人物、事件、科技等关键词条，并且以时间为轴，整理了书中的时空结构和故事流程，书写了"三体"编年史，成为三体内容项目创作的基本"辞典"。④ 在这本"辞典"基础上进行的一系列《三体》的版权开发与运营有着统一的设定与细节，避

---

① 〔美〕亨利·詹金斯：《文本盗猎者：电视粉丝与参与式文化》，郑熙青译，北京大学出版社，2016。
② 张丽君：《网络小说IP全版权运营版权保护》，《中国出版》2019年第4期。
③ 郑蕊：《〈章北海传〉口碑斩获9.9的背后，不只因为"三体"这个大IP》，北京商报网，https://www.bbtnews.com.cn/2020/0316/344889.shtml，检索日期：2022年5月27日。
④ 北青：《动画〈我的三体〉热播 三体开发未来可期》，中国日报网，https://qiye.chinadaily.com.cn/a/202003/12/WS5e6a0515a3107bb6b57a6151.html，检索日期：2022年5月28日。

免粉丝在收听、观看不同形态的《三体》作品时出现"出戏"情况。

将有声产品融入全版权的开发与运营，满足粉丝的"集邮"爱好，不仅可以凝聚用户情感，还有利于各种形态产品的流量共享，提高产品热度。

（五）利用数字技术，加强科技赋能

出版业"十四五"规划提出壮大数字出版产业，健全完善数字出版科技创新体系。数字时代下，有声出版作为数字出版的组成部分，其发展愈来愈离不开各种科学技术的加持，体现在以下几个方面。

一是有声产品本身。技术发展改变着音频领域的内容思维，当下，AIGC（AI-Generated Content，AI生成虚拟内容）新技术产品正逐步走向成熟，以喜马拉雅FM为代表的一批音频分享平台在该领域耕耘多年，推动AIGC技术在更多场景的运用。① AIGC与PGC、UGC以及PUGC相结合，将会为有声出版带来更大的变化。二是有声产品的宣传营销。加强与5G、大数据、云计算等技术的深度融合，提供个性化、精准化内容服务。三是有声产品的版权保护。区块链技术拥有去中心化、不可篡改等性质，推动区块链技术的应用，"能较好帮助数字内容提供商有效管理数字版权"。②

结　语

当下，有声读物市场正处于一个快速发展、欣欣向荣的时期，传统出版单位积极转型升级，互联网音频分享平台加快技术开发，"听书"逐渐成为人们进行阅读的重要方式之一。而在蓬勃发展之际，这一行业也不可避免地遇到如版权保护不力、产品良莠不齐等诸多问题。在发展中直面问题、解决问题，是行业健康发展的前提和基础。作为我国出版业的重要组成部分，有声读物市场的健康发展，也有利于数字出版产业行稳致远。

---

① 《从喜马拉雅看音频技术革命的下一站》，界面新闻网，https://www.jiemian.com/article/7157017.html，检索日期：2022年5月29日。

② 刘迪昱：《基于区块链技术的数字出版版权管理模式研究》，《中国编辑》2021年第10期。

青少年的网络使用与风险应对：家庭互动作为一种研究方法

柴巧霞[*]

摘　要　随着青少年触网行为的普及化，各种网络风险也不期而至，为传播学研究提供了一个新的研究对象。朱秀凌教授的《家庭传播学视域下的青少年网络风险防范与引导研究》一书，聚焦家庭内部的互动问题，系统考察了青少年所遭遇的网络内容风险、交往风险和行为风险，并从父母的榜样示范、家庭沟通模式的选择、父母介入的方式等方面回答了面对网络风险，家庭内部应呈现出良性的沟通与交流机制。该书还提出，家庭沟通模式与青少年的网络风险显著相关，在亲子关系差或者有缺陷的家庭环境中成长的孩子更容易遭遇网络风险，而适当改善家庭沟通模式，建立起信任，尊重青少年的网络使用习惯，以民主、平等的方式与孩子沟通，有助于使孩子在遭遇网络风险时愿意向父母倾诉和求助。

关键词　家庭传播学　青少年网络风险　父母介入

　　随着互联网越来越成为社会的基础性设施，青少年的触网行动也日趋普遍，青少年成为网络用户的重要构成。中国互联网络信息中心（CNNIC）第53次《中国互联网络发展状况统计报告》显示，截至2023年12月，中国网民规模达到10.92亿人，互联网普及率达77.5%。[①] 而共青团中央2023年12月24日发布的《第5次全国未成年人互联网使用情况调查报告》显示，

---

[*] 柴巧霞，湖北大学新闻传播学院副教授、硕士生导师。
[①] 中国互联网络信息中心：《第53次〈中国互联网络发展状况统计报告〉》，中国互联网络信息中心官网，https://www.cnnic.net.cn/n4/2024/0322/c88-10964.html，检索日期：2024年7月11日。

2022年中国未成年网民达1.93亿人，互联网普及率为97.2%，①远高于全国互联网普及率。

伴随未成年人互联网使用普及化的并非只有各类学习资源获取的便捷性，网络使用中的风险及其规避问题也是一个值得关注的问题，这成为互联网研究中的一个新领域和新课题。在相关研究中，围绕互联网的使用带来的家庭内部的沟通与互动，往往容易被国内的传播学研究所忽视。而朱秀凌教授的《家庭传播学视域下的青少年网络风险防范与引导研究》一书，在家庭传播与网络传播研究之间架起了一座桥梁，也为我们打开了一个观察青少年网络使用与家庭内部交流互动行为的窗口。

一 青少年的网络使用风险：智能传播时代的一个新问题

智能手机、平板电脑、智能电视等智能传播设备的广泛使用，极大地增加了青少年接入互联网的机会，推动了青少年的社会化进程，但是也将青少年引入了一个浩瀚的信息海洋。在好奇心重、心智不成熟、缺乏正确的检索技术、信息辨识能力低下、社会经验匮乏等诸多因素的作用下，青少年遭遇网络色情、网络暴力、网络性诱惑、网络诱拐、网络隐私侵犯、网络成瘾等风险问题的概率也大为提升，这极大地影响了青少年的健康成长，也逐渐成为智能传播时代的一个新社会问题。

面对上述情况，无论是学术界还是政府相关部门，都开始积极关注青少年的网络使用风险问题。从学术界来看，相关研究主要从社会学、法学、教育学、传播学等学科领域和视角，对网络风险现象的内涵、表征、成因、危害及相应对策等展开研究；从政府部门来看，自2007年起，中国互联网络信息中心就开始针对全国青少年的上网行为进行调查，并发布年度报告。②而自2015年起，国家互联网信息办公室启动了"护苗"网上专项行

---

① 微信公众号"团中央权益部"：《未成年网民突破1.93亿！〈第5次全国未成年人互联网使用情况调查报告〉发布》，"共青团中央"百家号，https://baijiahao.baidu.com/s?id=1786126649313911834&wfr=spider&for=pc，检索日期：2024年7月11日。
② 中国互联网络信息中心：《第19次中国互联网络发展状况调查统计报告》，中国互联网络信息中心官网，https://www.cnnic.net.cn/n4/2022/0401/c88-816.html，检索日期：2024年7月11日。

动，旨在为青少年创造健康的网络环境。① 这些研究和行动开启了青少年网络使用问题的"黑箱"，但也存在一定的缺憾，即鲜少从家庭传播的视角来探讨亲子沟通对网络风险的防范作用。而朱秀凌教授的新书——《家庭传播学视域下的青少年网络风险防范与引导研究》从家庭传播学的视角切入，分析了父母对孩子面临的网络风险的认知、态度、介入方式以及网络安全素养等问题，② 极大地拓展了传播学的研究范畴，具有鲜明的理论意义和实践价值。

为了检验网络风险对青少年的影响状况及程度，朱秀凌教授和她的团队设计了一套科学的抽样方法，对目标人群进行问卷调查。一方面，该研究团队采用分层抽样和整群抽样相结合的方法，在厦门、荆州、南宁三个城市的普通初中、重点初中、普通高中、重点高中、职业高中等五大类型的学校中，分别随机抽取1所学校的1个班级，总共抽取15所学校15个班级的学生及其家长进行问卷调查；另一方面，该团队还在广东省、湖北省、广西壮族自治区的一本、二本、大专三大类高校中，随机抽取1所学校的1个人文社科专业班级和1个理工科专业班级，共抽取9所学校18个班级的学生进行问卷调查。此外，为了进一步深入分析相关问题，该团队还采用了深度访谈和焦点小组法相结合的形式，深入了解青少年网络风险的现状及风险防范问题。科学的研究方法、大量的一手数据和周密的数据分析构成了《家庭传播学视域下的青少年网络风险防范与引导研究》扎实的研究基础，也为中国的家庭传播研究提供了丰富的数据资料和研究基础。将网络风险作为一种变量引入家庭传播研究中，并系统考察其作用机制，也是该项研究的一个重要创新，对于家庭传播学而言是一次有益的探索。

二 家庭场域：影响青少年网络风险的重要因素

家庭是影响青少年网络风险的重要场域，而诞生于20世纪80年代末的

---

① 《"护苗2015·网上行动"》，中国网信网，https://www.cac.gov.cn/ztzl/xzt/38/zt/index.htm，检索日期：2024年7月11日。
② 朱秀凌：《家庭传播学视域下的青少年网络风险防范与引导研究》，人民出版社，2021，第8页。

家庭传播学则是探讨青少年网络风险的重要视野。家庭传播学脱胎于人际传播和群体传播学，吸收与借鉴了社会学、心理学等众多学科的经验，着重关注父母与子女间的沟通、夫妻之间的沟通、父母对子女接收媒介信息的影响及风险应对等问题，是传播学的重要分支。然而，家庭传播学对于中国的研究者和读者而言却是一个相对陌生的研究领域。朱秀凌教授长期致力于青少年的媒介使用和家庭传播学的相关研究，她的新作《家庭传播学视域下的青少年网络风险防范与引导研究》一书，以家庭传播学为视角，系统梳理了家庭传播学的逻辑起点、历史演进、理论图谱和发展路径，并通过实证研究的方式探索了青少年网络风险的现状与防范机制，对于家庭传播学的理论体系建构和青少年网络风险应对的实践探索，具有双重价值和意义。

在《家庭传播学视域下的青少年网络风险防范与引导研究》一书中，朱秀凌教授还针对如何避免家庭传播学研究中"传播学本位"或"家庭学本位"的"学科偏狭"，建构与中国时代发展相匹配的中国特色、中国气派、中国风格的家庭传播体系，实现不同学科的共振等提出了自己的见解。该书认为，家庭传播学应立足日常家庭生活实践，提炼出自身的核心命题，例如，从中国国情出发，深入挖掘优秀的传统文化思想，聚焦社会变革中家庭传播实践的矛盾、问题和挑战，表达和理解中国鲜活的家庭传播实践，包括聚焦恋爱和择偶传播、婚姻与亲密关系传播、代际传播、兄弟姐妹传播、其他拓展家庭关系传播；研究家庭压力处理与传播、家庭角色与类型传播、家庭决策传播、家庭冲突传播、家庭暴力传播、亲密关系与家庭传播、家庭隐私传播、家庭性传播问题等诸多议题。此外，该书还勾勒了中国家庭传播研究的五大方向，即家庭传播的传受双方研究、家庭传播内容和形式研究、家庭传播媒介与效果研究、家庭传播的社会情境研究、家庭传播史研究。① 这些观点开阔了中国传播学研究者的视野，丰富并完善了家庭传播学的理论体系。同时这种聚焦家庭微观传播实践，并从实践中提出问题—分析问题—解决问题的范式，也为网络传播学研究注入了新的活力。

---

① 朱秀凌：《家庭传播学视域下的青少年网络风险防范与引导研究》，人民出版社，2021，第42—51页。

三 家庭互动：亲子沟通作为一种传播机制

在家庭场域中，亲子间的沟通与交流是一种重要的传播机制，尤其是在青少年的教养过程中，这种沟通与交流机制深刻影响了青少年的性格发育和社会化进程。而当网络使用在青少年中日益普及之时，网络风险也逐渐成为家庭传播场域中的重要变量，此时父母的媒介干预作用就越来越突出。不同于其他学者关注父母媒介干预作用的正负效应的研究旨趣，朱秀凌教授的新书《家庭传播学视域下的青少年网络风险防范与引导研究》，以实证研究的方法探索了青少年在网络使用中所遭遇的各种风险，如内容风险、交往风险和行为风险，并从父母的榜样示范、家庭沟通模式的选择、父母介入的方式等三方面回答了围绕网络风险而展现的家庭内部集中、典型的亲子沟通机制。

（一）父母的榜样示范

父母是影响孩子社会化进程的关键因素，承担着孩子行为的监管与引导责任。朱秀凌教授通过调查发现，在中国，不少家长对于青少年的上网行为不太清楚，父母的网络安全素养主要是规范取向，他们是网络守规族和网络谨慎族，而许多家长没有将拥抱科技视为提升自我、关注亲子关系的方式，对网络安全采取的具体维护行动也较少。[1] 此外，受教育程度较低、来自农村、职级较低的家长的网络安全素养较低，他们的网络安全素养教育迫在眉睫。[2]

父母是孩子的第一任老师，父母的态度和行为对孩子有着潜移默化的影响。因此，在帮助青少年形成正确的网络使用习惯的过程中，父母做好榜样示范成为家庭互动中的重要途径。父母在网络使用上要遵循"渗入性原则"，在网络使用过程中做到以身作则、率先垂范，坚决不做有违网络伦

---

[1] 朱秀凌：《家庭传播学视域下的青少年网络风险防范与引导研究》，人民出版社，2021，第235页。

[2] 朱秀凌：《家庭传播学视域下的青少年网络风险防范与引导研究》，人民出版社，2021，第239页。

理道德的行为。示范的最佳方式和结果就是能让青少年在不自觉中形成健康的网络使用习惯。①

（二）家庭沟通模式的选择

每个家庭都有自己的沟通模式，但只有融洽的亲子关系才能促进孩子的健康成长。朱秀凌教授通过调查发现，家庭沟通模式与青少年的网络风险显著相关，越强调服从定向家庭的青少年，反而越容易遭遇网络风险。倘若父母一味强调孩子顺从，缺乏对话沟通，很容易引起孩子的叛逆心理，反而使其更多地从事网络风险活动。尽管青春期的青少年与父母的冲突在增加，但他们仍然需要与父母之间保持亲近感，尤其是充满爱意的、稳定的、有关注的联系，希望得到父母的关怀和帮助、倾听与理解、爱和积极情感、接受和赞许、信任。

她还发现，在亲子关系差或者有缺陷的家庭环境中成长的孩子更容易遭遇网络风险。而适当改善家庭沟通模式，建立起信任，尊重青少年的网络使用习惯，改变高高在上的训诫式沟通，主动放下父母的架子，学会做孩子的知心朋友，站在孩子的立场来思考问题，以民主、平等的方式与孩子沟通，有助于使孩子在遭遇网络风险时愿意向父母倾诉和求助。②

（三）父母介入的方式

家庭教养是青少年媒介使用中的重要因素，西方学者在家庭传播的相关研究中较为重视父母介入理论（Parental Mediation Theory）。该理论强调了父母在子女理解媒介信息过程中的重要性，并勾勒出相应的干预措施，包括限制型干预（Restrictive Mediation）、积极型干预（Active Mediation）、共同使用（CO-Use）等。③ 这种理论为青少年媒介风险的应对问题提供了一条可行路径。然而，国内大部分研究者在青少年媒介使用的议题中，更侧重于媒介使用中的代际差异问题，对于亲子沟通和父母介入功能的重视度

---

① 朱秀凌：《家庭传播学视域下的青少年网络风险防范与引导研究》，人民出版社，2021，第248页。
② 朱秀凌：《家庭传播学视域下的青少年网络风险防范与引导研究》，人民出版社，2021，第248页。
③ 孙晓蓓等：《全球游戏传播的前沿研究图景》，《新闻记者》2022年第5期。

不够。朱秀凌教授的《家庭传播学视域下的青少年网络风险防范与引导研究》一书对于上述研究是一个有益的补充，该书通过实证研究的方式，将青少年网络风险置于家庭这个特定的传播情境之中，去审视亲子沟通、父母干预在其中的功能发挥与作用机制，让人受益匪浅。

她经过调查发现，中国家长对孩子的网络使用往往持两种错误态度，要么严格控制甚至禁止孩子上网，要么放任自流，这都不利于孩子健康地使用网络。家长需要积极有效地介入，才能指导孩子健康安全地使用网络。父母的介入策略主要包括限制性介入、技术性介入、共用性介入、积极介入、监控介入等。不同的介入策略带来不同的效果，其中，父母限制性介入越多的青少年，越容易成为网络霸凌者/受霸凌者，更容易网络成瘾；父母技术性介入、共同使用越多的青少年，遭遇网络性诱惑越多；父母监控越多的青少年，反而越多地接触网络色情内容，越多地遭遇网络性诱惑，越多地成为网络霸凌者/受霸凌者；父母积极介入越多的青少年，较少成为网络霸凌者，能够降低网络诱拐、网络隐私泄露和网络成瘾的风险。而父母的积极介入包括教育孩子如何正确使用网络，与孩子就网络使用问题展开分享、交流，共同讨论网络使用的利弊得失，分享网络使用心得体会，引导孩子正确认识手机等媒介，增强孩子对网络信息的选择理解、质疑和评价能力，提升孩子对网络信息的有效利用、传播和创造能力，告知孩子网络使用礼仪、网络隐私保护、网络风险应对及处理等知识，鼓励孩子有意义地使用网络。[①] 这些发现将原先隐藏在"黑箱"中的家庭内部沟通与网络风险问题展示在我们面前，对于家长积极介入孩子的网络使用与风险应对，具有较强的现实指导意义。

四 青少年网络风险认知中的"第三人效应"及其防范

中国父母在青少年网络风险的认知中存在典型的"第三人效应"，即过分低估了孩子所遭遇的网络风险，尤其是网络暴力内容，总认为网络风险是别人家的孩子才会遇到的问题，自己的孩子不会存在这些问题，因此不

---

① 朱秀凌：《家庭传播学视域下的青少年网络风险防范与引导研究》，人民出版社，2021，第252—255页。

必过多地控制孩子对网络媒体的使用,① 这是朱秀凌教授《家庭传播学视域下的青少年网络风险防范与引导研究》中的一个有趣发现。这个发现具有重要的启示意义,尤其是在家长作为青少年教育主要责任主体的中国社会中。它警示我们,网络风险是每个青少年都可能遇到的问题,而家长必须正确地认识这一问题,并采取积极的教养方式,才有可能避免风险的发生。类似的有趣发现还有很多,如中学生的网络安全素养越低越容易遭遇网络风险,但大学生遭遇网络风险与其网络安全素养不相关,而是与其社交媒体依赖程度有关。② 这些观点对改善网络安全素养教育、营造良好的家庭传播情境和提升高等教育的水平等具有重要的启示与参考。

《家庭传播学视域下的青少年网络风险防范与引导研究》一书不仅揭示了青少年遭遇的网络内容风险、交往风险、行为风险及其影响因素,同时也指出青少年正确的网络使用习惯、积极的家庭教养方式、良好的亲子关系、父母的适度介入等策略,都有助于降低青少年遭遇网络风险的可能性。在风险规避方面,该书提出青少年家庭网络安全素养教育的实施路径,包括由公益组织推动、家庭与学校合作、家庭与社区合作,提升家长网络安全素养教育,同时再由父母对孩子进行网络安全素养教育。该书还认为,改善家庭沟通模式、形成平等对话的家庭环境、促进父母的积极介入,这些措施也能有效减少青少年的网络风险。

总之,《家庭传播学视域下的青少年网络风险防范与引导研究》一书语言精练、资料丰富,不仅系统梳理了家庭传播学的理论图谱和研究方法,还通过实证的方法探索了青少年网络风险的现状及影响因素。它不仅丰富了家庭传播学的理论成果,也是中国学者立足本土实际探索家庭传播学核心问题的重要实践。

---

① 朱秀凌:《家庭传播学视域下的青少年网络风险防范与引导研究》,人民出版社,2021,第105页。
② 朱秀凌:《家庭传播学视域下的青少年网络风险防范与引导研究》,人民出版社,2021,第231页。

理解"社恐":Z世代青年社交困境的媒介成因与行为疏导

刘晗 吴欣盈[*]

摘　要　在当前深度媒介化的语境之下,Z世代青年的社交观、社会心理和行为方式等都发生着潜移默化的变化,网络热词"社恐"成为Z世代青年面对社会交往急剧变化的一种自我保护标签。究其原因,在"媒介化"的社交范式下,"云交往"的新型空间弱化了现实交往的情感连接,"虚拟身份"的交往形式加剧了现实交往的人设焦虑,"个性化社交"的交往路径淡化了对现实交往的重视,这些改变是促使Z世代青年陷入"社恐"困境的重要因素。"社恐"是当代青年复杂交往日常的动态呈现,需要从青年自身、媒介技术、社交场景多维度透析其痛点并进行相应的行为疏导,以此来解除Z世代青年"社恐"的精神困境。

关键词　Z世代青年　社恐　媒介化社交

一　研究缘起

(一)两种流行语词的交汇:"Z世代"与"社恐"

网络世界包罗万象,新媒体业已嵌入生活日常。"Z世代"作为新媒体技术更迭的主要受众群体,正在面临一个全新的社交范式。"Z世代"群体习惯性隐匿在社交媒介背后,所带来的是一部分人面对面交往能力的下降,这使原本用于医学术语的"社恐"一词逐渐成为流行于"Z世代"之间的

---

[*]　刘晗,湖北大学新闻传播学院副教授;吴欣盈,湖北大学新闻传播学院硕士研究生。

网络热词。在媒介化社交的进一步助推之下，"Z世代"与"社恐"两种流行语词持续交汇，"社恐"也就泛化为"Z世代"所标榜的一种社会交往特征，他们以"社恐"为标签主动躲避现实的交往。这不仅暴露出虚拟社会对现实交往的严重冲击，也显露出伴随互联网而成长起来的"Z世代"所面临的深层社交困境。

1. "Z世代"及其特征

"Z世代"作为一个网络流行语，也被称为"网生代""互联网世代""数媒土著"等，通常是指1995年至2009年出生的一代人，他们一出生就与网络信息时代无缝对接，受数字信息技术、即时通信设备、智能手机产品等影响较大。①《QuestMobile 2022 Z世代洞察报告》显示，"Z世代"线上活跃用户规模在2018—2022年上涨了1.29亿人，总数达3.42亿人，构成我国社会发展的中坚力量，他们将社交、尊重和自我实现的需求置于发展需求的首位。②较之前辈群体，"Z世代"的成长历程与当下现代化社会发展进程深度叠合，新时代觉醒的主体意识让他们拥有鲜明的个性和独具一格的气质，他们期望定义自我、标识自我，塑造"我就是我"的独立人格。

在社交方面，其中大多数人的行为和心态跨越了传统的社交框架，展现出鲜明的代际性、发展性特征。在社交手段上，"网生代"的特点使他们更倾向于借助网络来获取信息和传递自身想法，如网络学习、线上购物、线上会议等，新媒体技术的普及覆盖了他们生活的方方面面，他们习惯于依靠搜索引擎来解决自己日常生活中的问题，在网络平台度过自己的闲暇时光。在社交心态上，他们不再拘泥于某种固定、模式化的社交标准范本，倾向于将社交视为可塑可变、多元分化的态势。"Z世代"能够细腻体察并清晰感知自己的社交体验，认可并遵从内在的情感、偏好和价值观，不盲目抑制自我、迎合他人。

2. 暴露社交困境的"社恐"现象

"社恐"，全称社交恐惧症（Social Phobia），又名社交焦虑症（Social

---

① 孙寿涛、张晓芳：《断裂与弥合：数智时代Z世代"轻社交"行为分析》，《中国青年研究》2023年第11期。
② QuestMobile：《QuestMobile 2022 Z世代洞察报告》，界面新闻网，https://www.jiemian.com/article/7921787.html，检索日期：2024年4月24日。

Anxiety)。20世纪60年代，英国精神病学家 I. M. Marks 和 M. G. Gelder 将社交恐惧症归为一种独立的恐惧症：社交恐惧是对社交场合的特定恐惧或对他人观察及审视的过度恐惧。[1] 1980 年，"社交恐惧症"被美国精神病学会接受并首次正式收录于《精神障碍诊断和统计手册》第 3 版，[2] 其正式被列为一种独立的精神疾病。

进入 21 世纪，网络技术的普及和发展让"社恐"一词走入互联网，成为网络用户热议的话题。有关"社恐"的创作与讨论也随之增多，"社恐"就此打破了原本单一的疾病意义，与"丧文化""佛系""躺平"呈现一脉相承的趋势，成为一种呈现时代青年文化语义的网络流行语。如今的"社恐"未达到病理意义上社交恐惧症的程度，其含义更加接近詹姆斯·C.麦克罗斯基（James C. McCroskey）提出的"Communication Apprehension"，即"沟通恐惧/焦虑"，指个人在与其他人的真实或预期沟通中所产生的相关恐惧或焦虑，[3] 这其实正是一种普遍存在于青年群体中的社交恐惧或社交焦虑现象。

从医学名词到网络流行语，"社恐"成为 Z 世代青年面对社会交往急剧变化的自我保护外壳，并暴露出当下 Z 世代青年的深层社交困境。第一，对强制社交的倦怠心理。快节奏时代的人际交往具有强制性与功利性，独立、有个性的青年群体渴望拥有自己的独处空间，困囿于过度的社会化令他们产生疲惫和排斥心理。第二，"线上社牛、线下社恐"的极端社交矛盾状态。相比于现实对外社交，他们更倾向于网络"拓圈"行为，以趣缘为主的网络圈层社交弥补其社交需求的同时，也更加贴合他们的兴趣培养。第三，偏离主流的非理性集体行为。青年人以"社恐"定义自己，在网络中抱团取暖，看似是志同道合的集聚，实则是一种维持良好关系、谋求群体认同的顺承行为。"社恐"不再是少数人的问题，而成为一种群体性的自我荣誉标榜。以"社恐"为代表的社交焦虑已经成为青年文化的重要议题，

---

[1] I. M. Marks, M. G. Gelder, "Different Ages of Onset in Varieties of Phobia," *American Journal of Psychiatry*, 123, 1966, pp.218-221.

[2] 〔美〕美国精神病学会：《精神障碍诊断和统计手册》（第 3 版），姚芳传、颜文伟译，陶国泰审校，江苏心理学会出版社，1981。

[3] J. C. McCroskey, "Oral Communication Apprehension: A Summary of Recent Theory and Research," *Human Communication Research*, 4 (1), 1977.

具备研究的可能性和必要性。①

（二）一种新的社交范式：媒介化社交

随着媒介技术深层渗入日常生活，媒介不仅以中介的形式影响社会，而且以自身的"媒介语法"②形塑社会结构。安德烈亚斯·赫普根据数字媒介重塑社会系统的现象以及社会所显现的特征提出了"深度媒介化"的概念。③不同于"媒介化"，"深度媒介化"是关于媒介的更高维度的认知观念，是以大数据、云计算、人工智能等多种数字信息技术为驱动力，通过构建新型传播关系来实现社会形态的重构。新一轮信息技术带来的新兴数字媒介，已经推动着社会的"媒介化"进程进入"深度媒介化"这一全新阶段。这意味着当下的社会运行无法脱离媒介而实现，社会建构的特定时刻被委托给特定类型的、与媒介相关的技术手段。④社会交往方面更是如此，此阶段的社交媒介不再只是人们互动交往的中介，它不断延伸、替代和融合人的社交行为，就其本质而言，它成为社会交往的基础设施和社会关系重构的实践逻辑。因此，以虚拟现实为主的"媒介化社交"成为当下区别于现实社交的一种全新社交范式：人们自觉地适应和匹配社交媒介的技术规定，在全面交织融合的交往场景之中聚合汇拢并自由地进行自我展演和沟通互动，重塑自我与人际关系。人们通过各种社交媒介实现错综复杂的关联，从"面对面"互动交往模式变为"节点对节点"或"终端对终端"模式，网络节点间的人际关系被媒介技术盘活，其关系网构成了一个全新的社会。

对于作为网络原住民的Z世代青年而言，"媒介化社交"是他们进行社会交往时天然的、固有的选择。一方面，"媒介化社交"适应Z世代青年"网生化"的特征，使他们能游刃有余地驰骋在虚拟世界，打造属于自己的

---

① 段俊吉：《理解"社恐"：青年交往方式的文化阐释》，《中国青年研究》2023年第5期。
② 〔荷〕丹尼斯·麦奎尔：《麦奎尔大众传播理论》（第5版），崔保国、李琨译，清华大学出版社，2010。
③ 喻国明、耿晓梦：《"深度媒介化"：媒介业的生态格局、价值重心与核心资源》，《新闻与传播研究》2021年第12期。
④ 常江、何仁亿：《安德烈亚斯·赫普：我们生活在"万物媒介化"的时代——媒介化理论的内涵、方法与前景》，《新闻界》2020年第6期。

交往"净土",而免于现实社会束缚;另一方面,"媒介化社交"满足Z世代青年更为"个性化"的需求,使他们能以兴趣爱好、个人观点等信息打造属于自己的网络人设标签,以多样化的自我表达丰富悦己体验,追求个性张扬。社交媒体逐渐成为Z世代青年与社会进行沟通互动的主要桥梁,改变了他们社会交往的思想观念和行为,同时也引发了一系列异化反应,具体表现为:人们逐渐成为过度依赖媒介的"机械人"、疏离冷淡的"孤独人"和加速社会中的"单面人"等。① 网络信息的传递让本该面对面的社会交往局限在只有自己和通信设备的一方天地之中,人们对虚拟现实社交的过度沉迷加剧了对现实社交的忽略甚至恐惧。因此,对于成长在数字环境下的Z世代青年来说,"社恐"现象的普遍出现与"媒介化社交"有着密不可分的关系。

二 Z世代青年"社恐"的媒介成因探寻

基于对Z世代青年"媒介化社交"的考察,可知社交媒介成为现代社会影响青年人交往行为的重要因素。它是一把双刃剑,重塑了适应于线上交往的Z世代青年的思维、认知和性格,改变着青年人的交往空间、交往形式、交往路径,提升着其交往频率、交往效率,同时又造成了青年人交往空间上的情感遮蔽、现实与虚拟的人设焦虑、现实社交倦怠心理加剧等负面影响,从而提高了在现实交往中"社恐"现象发生的可能性。

(一)交往空间改变:"云交往"淡化了现实交往的情感连接

"云交往",是互联网深度推进下的新一代交往形态。② 大数据以数字符码作为交往话语,以数字设备构建交往环境,以数字方式实现交往体验,将人们的交往行为置于全新甚至奇幻的数字场景之中。③ 这种社交模式促成的交往空间的改变,实现了从传统意义上的有形物理空间场所转向数字媒介所创造的"信息场所",使交往不再总需要实体地点,使人们能跨越时间

---

① 肖静:《新媒介环境中人的异化》,《当代传播》2007年第5期。
② 王敏芝:《数字媒介时代"云交往"的公共性重申》,《传媒观察》2021年第4期。
③ 王敏芝:《媒介化时代"云交往"的场景重构与伦理新困》,《暨南学报》2002年第9期。

和空间实现无障碍的非接触式交流。

社会起源于人与人的关系之中，这种关系依赖交流，个体通过心灵互动建立并发展这种关系。① 社交媒介技术最大化地突破了时间、空间、场合和身份的限制，便利了人与人之间的交往，但这种追求效率的线上交往形式忽略了面对面交往中的情感共鸣。互联网串联了整个世界，但同时又将人以独立个体的形式禁锢在好似蜂巢结构的虚拟网络中，看似个体之间的距离更近了，实则却无法直接接触交流对象。正如彼得斯所说，人与人之间的交流变成了一个技术循环。② 社交媒体"云交往"的形式，使交往中的"他者"只是网络上的模糊概念和虚拟对象，交往的青年失去了线下进行直接的眼神交流及肢体接触的机会。平台在遮蔽双方身体的同时，也遮蔽了情感交流的有效线索，使人际交往之中双方的想象力与期待丧失，交往只剩下单一的信息传递。

Z世代青年"网生化"的特点让他们的现实个体不断将精力投入网络虚拟世界，使现实空间的躯体与网络空间的思维产生了割裂。由于长时间线上沟通具有遮蔽性，伴随对身体离席的交往方式的适应，因此他们在现实交往中用语言、表情甚至肢体动作等表达的能力出现了退化，以至于他们在虚拟空间中活跃的大脑在面对需要肢体、神态等多感官参与的现实社交时，会出现停摆和不知如何调动躯体的状况。这种无措感会让他们渴望摆脱现实社交的束缚，产生排斥和逃避心理，从而引发"社恐"现象。

（二）交往形式改变："虚拟身份"加剧了现实交往的人设焦虑

根据戈夫曼的"拟剧理论"，人们的社会交往行为就是身份表演，人们运用预先设计的身份在不同的社会场景中进行表演，并试图控制自己给他人留下的印象。③ 正如现实生活中人们拥有社会身份，网络社交中也需要相应的社交身份，即"虚拟身份"。"虚拟身份"是数字化的自我身份表达，这不仅是外表的个性化展示，更是个人性格、兴趣乃至社会地位的自我塑

---

① 刘海龙：《大众传播理论：范式与流派》，中国人民大学出版社，2008。
② 〔美〕约翰·杜翰姆·彼得斯：《对空言说：传播的观念史》，邓建国译，上海译文出版社，2017。
③ 〔美〕欧文·戈夫曼：《日常生活中的自我呈现》，冯钢译，北京大学出版社，2016。

造。互联网创造了一个全新的社会场域，将不同地点、不同身份的人们汇聚到了同一虚拟场景。在这个场域中，人们依据个人意愿和自身期许，利用社交媒介塑造崭新的个人形象，或在前台自由地分享生活。

对逃避现实社交的Z世代青年而言，他们其实也拥有受人关注和赞扬的需求，只是因为对自身形象或能力的不自信而不敢表现自己。虚拟身份社交就为其提供了一条两全其美的交往途径。一是网络的隐蔽性使现实身份能够完全隐藏于虚拟身份之后，为其提供一个自我定义、身份重塑的机会。Z世代青年对于虚拟身份的塑造总会趋向完美，他们善用美图软件，在网络上将自己塑造成"理想化自己"来收获现实中难以获得的关注和视线，满足自身被关注的需求。二是虚拟身份社交除了满足人的社会化需求，还创造了建立新社会关系的机会。传统社交依赖于现实生活场景，虚拟身份社交却能冲破线下场景的限制。例如Z世代青年可以通过虚拟身份在自己感兴趣的虚拟社区中进行主动社交，寻找拥有共同价值观和爱好的群体交流信息、分享生活，与世界建立更为深广的联系，弥补现实社交的缺憾。

但其中的弊端也不容忽视。其一，虚拟身份基于现实，但又非现实身份的完全反映，过分美化的虚拟身份会遮蔽真实的自我。这种自我遮蔽使Z世代青年难以面对真实的自我，现实身份与虚拟身份的割裂感会让他们担心一旦脱离社交媒介，踏入现实，自己的形象会就此崩塌。因此，他们对虚拟身份产生了过度依赖的心理，反而加剧其对现实身份的自卑和排斥，进一步降低了面对面社交的欲望。其二，虚拟身份的隐蔽性和欺骗性一定程度上影响了Z世代青年对他人身份形象的认知。社交媒体的交互性使Z世代青年不仅是形象的塑造者，还是网络形象展演的观众，他们会不自觉地将他人的虚拟身份带入现实并与自己的现实身份相比较，这种强烈落差带来的自我否定心理使其更加恐惧和逃避现实社交。

（三）交往路径改变："个性化社交"淡化了对现实交往的重视

伴随人工智能、云计算等新技术的日趋成熟，"智能+社交"已成为一种新型的社交路径，正在逐步解构与重塑大众日常的社会交往环境。[1] 在智

---

[1] 沈鲁、乔羽：《智能传播时代的社交媒介景观：特质、趋向及反思》，《中国编辑》2023年第4期。

能化社交媒体中,算法与社交的深度融合降低了以往社交媒体的公共性,个体行为被不断放大,智能算法机制通过对用户社交行为的深度分析,依赖排序、关联、分类、过滤等步骤进行社交对象推送,深刻改变了用户以往的社交路径,反向塑造个体社交圈层,带来了关系重构的可能性。

当前,各种"学习小组""项目小组"等被动的现实社交将青年群体划进了一个个具有功利性和压迫性的社交圈中,他们开始寻找不同渠道来满足自己的真实社交需求。社交媒体的智能算法机制促进"公共社交"转向"私密社交",实现了基于用户的年龄、兴趣、互动等生成的以自我为中心节点的社交关系网,构建出具备用户主导特质的社交关系网络景观。对于Z世代青年人而言,"个性化社交"不仅可以通过趣缘共鸣来缓解他们应对现实社交中见面寒暄、相互客套的疲惫心理,还能让他们根据自己的需求利用智能筛选进行针对化社交,提高自己的办事效率。例如,一些知识服务类的媒体账号就会以在校学生、教师为主要拓圈社交群体,个性化筛选对方的身份、年龄以及职业,实现针对性营销。除此之外,个性化社交能让Z世代青年暂时性地脱离现实生活圈层,活跃在数据编织的人际关系网中,在自定义的网络社交互动中弥补现实社交所缺失的归属感。

但需要注意的是,"个性化社交"也将Z世代青年桎梏于社交媒介建构的"茧房"中。首先,网络交往是趣缘偏向的聚合,智能算法以兴趣为边界将人们划分于不同圈层,建立了一个"伪真实"的社会,这种"伪真实"的理想社交氛围让人们流连忘返,使他们的认知需求和社交需求一直处于饱和的状态,极大减弱了现实社交需求。其次,个性化社交的便捷性渐渐掩盖了社交的本质,算法推荐下的好友关系全部以数据呈现,点赞和关注度成为衡量人们关系的标准,人们开始习惯利用这种"可数"的社会关系来标榜自我,实现自我满足,淡化了对"无形"现实社会交往的重视。另外,"个性化社交"也会引发"回音室效应",无法辨认真伪的同质化声音在封闭空间不断重复,出现越来越壮大的倾向。例如,为自己设立"社恐"人设成为青年在网络上谋求群体认同的顺承行为,非理性化的群体性"社恐"在个性化社交的助推中被不断极端化,现实社交的意义被不断歪曲,甚至被视作脱离群体的异体行为。"回音室效应"渲染下的群体性孤独和对于无效社交的倦怠共鸣,使青年人更加疏离现实世界,淡化对现实社交的重视，试图将逃避现实社交的行为视为他们的群体性共识。

三 Z世代青年"社恐"的行为疏导

对Z世代青年"社恐"媒介成因的探寻，使我们一窥媒介化社交情境下Z世代青年的交往心理与交往行为，可见，对网络交往的依赖加速了他们"社恐"困境的泛化与恶化。社会行为是外在环境、社会系统与行动者共同作用的结果，①"社恐"是在社会实践中人际离心化而形成的复杂社会现象，对"社恐"的成因界定与行为规诫不应只停留在媒介之上，还应从多维度来透析并破解当下Z世代青年的现实社交痛点，通过对其开展行为疏导，从而营造平等亲密、和谐健康的现实交往氛围。

（一）青年：重拾交往理性，提升个体媒介素养

"社恐"一词原本并非贬义，社交媒体的助推却使"社恐"含义被无限泛化，从现实中的社交恐惧异化为颓丧、反叛和漠不关心的处事态度。李普曼提出的"拟态环境"理论认为，网络构成的拟态环境能够对人的认知和行为形成一定的塑造作用。②Z世代青年的信息接收与处理能力正处于形塑的关键时期，"社恐"风潮的无限泛化极具侵略性和煽动性，他们在这种跟风性的交往互动中走向了非理性化，媒介素养的缺失也造成了他们对"社恐"的错误认知，促成了其消极遁世的群体性行为。

人与人的交往活动离不开信息的传递和接收，对性格形塑期的Z世代"社恐"青年需要从两个角度进行行为疏导。在信息传递方面，要让Z世代青年重拾交往理性，采取恰当的传播行为。哈贝马斯认为，"交往理性"是主体在相互交流间达到理想状态，从而推动社会合理化进程。其中，言语可理解性、内容真实性、态度真诚、方式正确构成了"交往理性"的四大原则。③面对"社恐"热潮，Z世代青年需要正视"社恐"含义，尊重个体

---

① 〔英〕安东尼·吉登斯：《社会学方法的新规则——一种对解释社会学的建设性批判》，田佑中、刘江涛译，社会科学文献出版社，2003。
② 〔美〕沃尔特·李普曼：《公众舆论》，阎克文、江红译，上海人民出版社，2006。
③ 〔德〕尤尔根·哈贝马斯：《交往行为理论：行为合理性与社会合理化》，曹卫东译，上海人民出版社，2004。

差异性，不跟风，不盲从，塑造自尊自信、理性平和的成熟心态，传播恰当的交往信息。在信息接收方面，要让 Z 世代青年提升媒介素养，培养主体意识。在社交媒体纵横的时代，只有拥有良好的信息筛选、批判分析、有效沟通等能力，才能应对庞大的信息洪流，媒介素养的重要性不言而喻。① 总之，Z 世代青年需要培养主体意识，提高信息的辨别能力，分清虚拟与现实的界限，减少对媒介社交的依赖性，将媒介作为自己日常线下交往的补充，提高媒介社交的有效性。

（二）媒介：加强技术性优化设计，承担技术向善责任

"交往手段革命通过变革交往主体的社会交往观念、社会交往的空间和范围以及人们的社会交往关系，使不同历史时期的社会交往方式表现出不同的特征和内容。"② Z 世代青年诞生于互联网时代，也成长于互联网时代。社交媒介技术的革新实现了交往互动中信息传递、观念传承、社会意识再生产的巨大改变，构建了一个反传统化的新社交平台。但是社交平台便捷化、自由化的技术优势，也让这个"理想化社交圈子"渐渐"茧房"化，信息污染严重，人们的关系朝着异化的方向发展，加剧了"社恐"现象的恶化。

媒介技术从帮助人类探索世界转为"促逼"人类在技术的限定关系中生存。③ 因此，社交媒体应从自身出发，杜绝技术崇拜，弥补技术漏洞，加强信息传播各个环节的技术性优化设计，推动技术向善，承担社会责任。在平台分发上，媒介逻辑即媒介的运行规则和制度，其重心不在内容的生成，而在于利用海量数据资源和精准的算法技术来优化自身的分发过程。④ 因此，社交媒介应主动优化算法技术逻辑，将个人自主性设置归还给用户，在算法技术中辅以人文价值的反思，变"算法"为"算法+"，实现信息的平等分发，突破用户信息获取的顽固壁垒，让用户对平台信息拥有更大的

---

① 李顺蓉、陈英芳：《"互联网+"时代网民媒介素养的提升策略研究——以"雅安市"为例》，《产业与科技论坛》2019 年第 8 期。
② 李素霞：《交往手段革命与交往方式变迁》，人民出版社，2005。
③ 刘千才、张淑华：《从工具依赖到本能隐抑：智媒时代的"反向驯化"现象》，《新闻爱好者》2018 年第 4 期。
④ 侯东阳、高佳：《媒介化理论及研究路径、适用性》，《新闻与传播研究》2018 年第 5 期。

自主筛选权利，立规建制管好算法，改进技术，完善算法；[①] 在平台把关上，社交媒介可利用人机协同履行平台话语风向的监督和管理工作。"社恐"的爆"火"本应是青年对于现实社交的良性宣泄和自嘲，但不少恶意引流也让这一标签走向一种反社会异化。社交媒体需要善用大数据言论监测技术加强平台把关的技术性优化设计，屏蔽恶意的、煽动性的字眼，有侧重、有选择地引导网络交往行为，承担把关责任，营造清朗的网络社交环境。例如微博的"社恐"超话平台就做到了有效的言论监控，评论以类似"社恐自救指南""社恐克服打卡"等积极言论为主，为微博"社恐"人士缓解"社恐"症状提供了有效的建议。

（三）社会：营造积极交往环境，丰富现实交往场景

人们精神家园的建立与所处环境息息相关，"社恐"不仅是一种个人行为，更在无形中发展为一种普遍的社会意识，其流行成因不仅与媒介相关，更与整个社会交往环境有着密不可分的关系。Z世代青年正处于社会交往的探索阶段，社会交往环境的好坏会直接影响他们的社交体验，错误的社会认知甚至会加剧他们的"社恐"现象。莱恩·多亚尔和伊恩·高夫曾提出，满足个人的基本需要必须满足政治、经济和生态等方面一定的社会先决条件。[②] 因此，营造良好的社会交往环境也是疏导"社恐"的重要一环。

当前，互联网成为现实社会管理和服务的桥梁，网络社交环境与现实社交环境也不是两个独立的个体，它们彼此交织、相互影响，共同组成完整的社会交往环境，两者双管齐下，才能推进良性互动的共治互补。在网络社交环境的营造中，各种社会主体不仅需要在法律层面进行规制，以约束青年人网络交往的行为，推进网络文明建设，营造良好的网络社交环境，也要弘扬主流价值观，呼吁各大媒体平台呈现正确的社交观念和积极的现实社交导向，提供平台为现实社交创造机遇，做到虚拟与现实的互补。例如，青年人在网络的趣缘圈层互动中表现出了极大的积极性和参与性，若

[①] 谢俊、吴阳琴：《算法推荐下网络主流意识形态面临的风险及防范策略》，《自然辩证法研究》2023年第10期。

[②] 〔英〕莱恩·多亚尔、伊恩·高夫：《人的需要理论》，汪淳波、张宝莹译，商务印书馆，2008。

能将"线上趣缘"搬入现实生活,何尝不是一种新的社交方式?豆瓣的"社恐友好餐厅测评中心",就搭起了虚拟社交与现实社交的桥梁,力求将社交环境从线上平台转化为线下的餐厅相约,实现从虚拟社交关系向现实社交关系转换。因此,社会可形成多方联动,将网络虚拟社群带入现实生活,通过提供场所、举办活动打造线上线下一体化的现实趣缘社交环境,让共同的兴趣成为"社恐"青年现实交往尴尬的破冰点。

从一个层面而言,"社恐"与"Z世代"流行语词的持续交汇,其实质是媒介技术发展下青年社会交往特征的一种镜像呈现,而其背后也载荷着一定的消极社交观念,某种程度上正在对青年个体进行隐性的异化。但从另一个层面而言,面对人类交往这一永恒的话题,"媒介化社交"本身具有其自身的特性与多样性,Z世代青年也并不需要遵循结构化的交往理念和刻板的交往法则,可在适应变化的交往环境和树立新型的交往观念过程中找到适合自己的交往方式,在基于青年、媒介和社会更多主体的协同联动之中,实现"媒介化社交"与现实社交的交融互动。这一媒介化阐释为青年交往行为的相关研究提供了一种更具包容性的研究视角,未来研究可加强对各种青年社交行为的媒介分析考察,在相关社交媒体互动行为、青年群体的"圈层"与"破圈"等现象的实证研究中,进一步探讨媒介、青年与社会发展的深层互动与运行逻辑。

助农综艺节目《种地吧》的创新策略分析*

张 萱 王晨希**

摘 要 随着乡村振兴战略的全面推进、落实,助农节目成为视听产业的新风口、新赛道。2023年初,由爱奇艺携手蓝天下传媒共同打造,并联合海西传媒与遥望科技出品的纪实性互动真人秀节目《种地吧》正式播出。该节目依靠爱奇艺强大的融媒体优势,对外通过联通"台网互动",打造"长视频+短视频+直播"多媒介融合的传播矩阵,对内进行节目宏观价值体系、微观内容细部的深耕、创新,呈现了首例农耕主题综艺的现象级爆火盛况。本文主要从微观层面的制作流程、中观层面的传播与经营以及宏观层面的社会价值体现这三个方面,来叙述《种地吧》节目的创新优势;从文化商业化、受众饭圈化以及内容速成化三个方面窥见《种地吧》节目的发展困境及脱困出路,为助农综艺节目的整体优化提供发展策略。

关键词 《种地吧》 乡村振兴 助农综艺节目

一 生存背景

(一)政策扶持注入原动力

乡村振兴战略是习近平总书记于 2017 年 10 月 18 日在党的十九大报告中提出的战略。党的十九大报告指出,农业农村农民问题是关系国计民生的根本性问题,必须始终把解决好"三农"问题作为全党工作重中之重,

---

* 本文系湖北大学创新创业类教材及案例库建设项目(HDCJC2301)阶段性成果。
** 张萱,湖北大学新闻传播学院副教授、硕士生导师;王晨希,湖北大学新闻传播学院硕士研究生。

实施乡村振兴战略。随着乡村振兴"三步走"开展得如火如荼,涉农电视节目也越来越受到重视与欢迎。涉农电视节目,作为促进"三农"发展的重要传播平台,在我国农业发展的道路上正发挥着日益显著的作用。张显认为,自2015年来,扶贫电视节目不断涌现。例如中央广播电视总台社会与法频道的《决不掉队》、东方卫视的《我们在行动》、广西卫视的《第一书记》、南宁广播电视台新闻综合频道的《奋斗》等优秀电视节目,为打赢"脱贫攻坚战"贡献了主流媒体的力量。① 唐瑞雪提出,广电总局于2020年1月、11月先后印发的《关于加强广播电视公共服务体系建设的指导意见》及《关于加快推进广播电视媒体深度融合发展的意见》的通知,要求各级广播电视机构要"采取切实有效措施,提升网络视听节目特别是涉农节目的质量",涉农传播成为广播电视改革的重要方向。②

(二)社会异化加速"慢"渴求

罗萨(Hartmut Rosa)等提出"社会加速逻辑",将社会加速划分为科技加速、社会变迁加速、生活节奏加速三个面向。他们认为能够引领我们迈向美好生活的健全世界关系,应当是在共鸣与异化之间持续进行辩证互动的关系,而现代社会阻碍共鸣轴建立的罪魁祸首是加速社会造成的"提升逻辑"以及提升逻辑下的"增长社会"。③ 王鸿宇等指出,在21世纪,社会结构正经历着深刻的转型,从传统的、以规则与秩序为主导的"规训社会"逐渐演变为一个更加注重个人成就与贡献的"功绩社会"。其中的成员也不再是"驯化的主体",而是功绩主体。④ 吴宁等提出,在封闭的现代加速循环系统中,时间的规范主导社会运行,时间理性成为社会运行的基本法则,也是现代青年的行为准则。⑤ 而随着世界变得普遍积极化,人类和社会已逐渐转化为自

---

① 张显:《新时代背景下电视媒体助力乡村振兴的路径探析》,《视听》2022年第3期。
② 唐瑞雪:《数字乡村背景下电视农业频道公共服务转型研究——以央视农业农村频道(CCTV-17)为例》,硕士学位论文,上海师范大学,2023。
③ H. Rosa & R. Celikates, *Beschleunigung und Entfremdung: Entwurf einer kritischen Theorie spätmoderner Zeitlichkeit*, Suhrkamp Verlag Ag, 2013.
④ 王鸿宇、蓝江:《作为排除事件的治理术——福柯的事件观蠡探》,《当代国外马克思主义评论》2021年第2期。
⑤ 吴宁、孔静漪:《社会加速背景下青年的生存焦虑与消解路径——基于罗萨的社会加速理论》,《山东青年政治学院学报》2024年第1期。

我封闭的机器。但大量出现的不是主权独立的超人，而是只会劳作的"末人"。为了摆脱过度的压力，"丧文化"一度成为群体热潮，而"丧文化"不仅是价值虚无主义和现代犬儒主义的表征，更是在社会与传统的双重催化之下对"慢节奏"的渴求。

二 爆火之因

（一）微观：叙事框架与制作流程更新

《种地吧》制作团队在叙事主题的选择上，独具匠心地以农耕为核心，不仅回溯了中国悠久的农耕历史，还紧密结合了当前的农业发展态势。他们巧妙地将农业与青年发展两大议题融为一体，开辟了一条"艺人种地"的全新综艺道路。罗雨晴指出，这一创新不仅超越了单纯的视觉化展现农业农村生活，更是实现了农业耕种这一古老而伟大的人类活动与"人"在节目镜头下的深度融合，赋予了农耕文化新的时代意义；①《种地吧》采用"精细化"的制作模式生成叙事内容，节目摒弃了传统综艺节目预设剧本的常规做法，而是采取了更加真实、贴近生活的制作方式。黄雪静、李欣认为，节目精选了十名非流量艺人，并根据中国小麦的成熟时间，进行了长达192天的连续性拍摄。在这段时间里，节目真实记录了参演成员们种植、收割以及销售小麦的全过程，展现了他们辛勤耕耘、收获满满的劳动成果，为观众呈现了一个真实、生动的农业劳作场景；② 在叙事手法方面，石竹青、牛海波指出，《种地吧》在拍摄手法上大胆创新，大量运用纪实手法手持拍摄，大量的长镜头、平缓的慢节奏、无规则构图以及非传统的剪辑方式，都使节目更具真实感和代入感，彻底打破了传统综艺节目的创作范式，释放了全新的能量，为观众带来了前所未有的体验。③

---

① 罗雨晴：《从媒介经营视角看综艺节目〈种地吧〉的出圈策略》，《视听》2024年第4期。
② 黄雪静、李欣：《使用与满足理论视域下慢综艺"出圈"的原因及优化建议——以〈种地吧〉为例》，《声屏世界》2024年第2期。
③ 石竹青、牛海波：《加速社会视角下陪伴式慢综艺的情感纾解策略及价值功能——以慢综艺节目〈种地吧〉为例》，《文艺争鸣》2024年第1期。

（二）中观：传播矩阵与产业经营构筑

《种地吧》依托爱奇艺实力强大的融媒体优势，采取"长视频+短视频+直播"多媒介联动的播出形式，在正片上采取单双周都更新的播出方式，除正片还有加更篇和生活特辑篇；在抖音平台创建少年个人抖音号，持续更新十位少年的生活动态和农作进程；在微博平台进行十个勤天直播活动，包括监工直播、生活直播、陪看直播、24小时慢直播以及助农带货等非日常直播。

《种地吧》十位嘉宾联合注册成立了十个勤天（杭州）农业发展有限责任公司，以此为载体实现了相关IP形象的打造和特色农产品的售卖。节目中，投资与生产同步进行，十位少年通过展示前期劳动成果和后期种植规划，招徕有意向的投资方，吸聚一定的外来资金，为新一轮养殖工程积累资本。通过长期大量的人工劳动，最终将丰收作物和养殖产品投入市场售卖，或进行线下集市摆摊、人工叫卖，或开展线上助农直播销售，最终实现生产的经济作物价值变现。

《种地吧》还实现了价值观经济的变现。从前农业劳作的劳动付出只能附着在农产品上。现在，在 Web 3.0 时代，通过纪录片式文艺节目的形式，劳动和产品可以分离，劳动可以直接被资产化，成为"信用"实体。《种地吧》通过促进共识和融合，让价值观直接资产化，以此来拉动经济和赋能增长。通过十个年轻人的亲身劳作，来唤起人们对"劳动价值"的认同共识，同时用"十个勤天"这个公司来承载劳动价值这一虚拟资产的实体化，构建用户信任以支持他们的助农直播。

（三）宏观：文化弘扬与价值供给

《种地吧》节目中，土地作为农耕文化的核心载体，承载了丰富的文化符号和内涵。一方面，《种地吧》节目根植于深厚的农耕文化理念，对土地和自然怀有崇高的敬意，节目中的"种地小队"通过生动的生活化劳作实践，深入探索和表达了农业、农村、农民等核心要素。他们将艺术真实与生活实践在视听传播中紧密相连，为农耕文化赋予了新时代的影像表达。另一方面，节目通过引介新颖农作物、展示先进机械化农具，并广泛传播现代化的农业生产知识，生动描绘了新农业时代的蓬勃景象，有效地在年轻一代与广袤土地之间架设起一座沟通的桥梁，增进了年轻一代对农业的兴趣与认知。同时，"十个勤天·种地星球"项目和以"种地吧"为核心的文旅新业态集群的开展，也昭示了《种地吧》对文旅产业的发展发挥了显著助推作用。除此之外，《种地吧》"慢节奏"和"充满活力与包容性"的特征，使其成为快节奏社会的减速带、结构性压力的释放口。

马克思曾经指出："对私有财产的扬弃，是人的一切感觉和特性的彻底解放。"① 童庆炳、程正民认为，异化的情感中必然会潜藏着一种焦虑，那是一种在肤浅的、生理层面的快感体验后的麻木感与失落感。② 作为慢综艺爆火典例的《种地吧》，其特有的"日出而作，日入而息"田园风，与当下社会"唯速度论"背道而驰。观众除了能通过拥抱自然的劳作——丰收过程短暂地从繁杂重压的现实中脱离出来，获得心灵的治愈，还能通过观察十位少年的日常相处、沟通，观察他们长期磨合形成的独特相处模式，观察他们无功利的、极度单纯向善的人际关系，最终反哺自己，或是满足某种社交幻想，或是获得某种程度的释然，返璞归真。

三　发展迷思与改进策略

（一）守正：警惕资本宰制，回归价值本位

商业性综艺节目无一例外地遵从市场导向，广告商和投资方则是手握节目经济命脉的"金主"。自《种地吧》第二季播出以来，围绕节目的"广告纷争"此起彼伏。不少粉丝对节目观看过程中频繁出现的植入广告、贴片广告产生抵触心理。到目前为止，《种地吧》一共吸聚包括安慕希、豪士和劲仔在内的16个广告赞助方。一方面，这是节目商业价值提升的表现；另一方面，这也意味着节目中穿插广告的数量与频次必然上升。同时，节目播出时长的不断缩水，也让不少粉丝发出"在广告里找正片"的感叹。

无独有偶，近日爱奇艺平台推出的"会员12元、非会员24元解锁麦田音乐节现场直播"活动也引发全网粉丝抵制。"麦田音乐节"本质是十位少

---

① 〔德〕马克思：《1844年经济学哲学手稿》，人民出版社，2000，第85—86页。
② 童庆炳、程正民主编《文艺心理学教程》，高等教育出版社，2001，第314页。

年为感谢观众和粉丝长期支持而组织的一场以"感恩"为主题的音乐节,线下门票是通过爱奇艺平台抽奖以及合作商家直播抽奖方式无偿赠送的,但是线上直播却采取强制收费解锁。平台如此差异化的对待,在加重"割韭菜"行为嫌疑的同时,也体现了《种地吧》对原始情怀和初心的背离。其实在此之前,爱奇艺平台设置"V3+以上会员才能参与麦田音乐节门票抽奖"的门槛,就已经将名为"感恩"的音乐节"明码标价"。

《种地吧》制作团队应平衡"功利"与"价值"的砝码,明确且坚守策划初心——一档以"三农"为核心的纪实劳务真人秀,旨在文化的传承推广、"新农人"美好品质的挖掘与传播,以及助农引导和粮食安全、环境保护意识的启发。《种地吧》节目以宏大立意为理论支撑和宣传核心,理应切实使价值观落地,投身于社会公益中。

(二)规制:避免饭圈噬食,驱动多维耦合

随着《种地吧》节目知名度的提升,接踵而来的流量和热度也使《种地吧》节目以及节目嘉宾迅速收获大批粉丝。伴随粉丝群体的不断扩大和分化,圈层内部矛盾和外部矛盾不断尖锐,饭圈症候不断凸显。

首先是路径异化。《种地吧》爆火后,部分粉丝对参演少年的狂热喜爱,已经从公共领域的关注向私人领域的入侵偏移,从而滋生了酒店围堵,嘉宾私人住宅暴露、航班信息恶意篡改等问题。

其次是"暴力"凌驾。不同参演嘉宾粉丝之间的竞争与对立,粉丝群体与节目组之间的维权斗争此消彼长。不同程度的饭圈讨伐最终演变成网络暴力。文字暴力凌驾于理性之上,成为群体巴尔干化的起爆剂,而最终混战的结果就是加速节目口碑下滑。

同时,随着粉丝群体"无组织的组织力量"的蔓延与壮大,迅速崛起的粉丝经济不断吸引资本的关注,消费主义隐忧由此生成。《种地吧》助农直播多次面临"黄牛洗劫",原价不过十几元的农产品,被大量黄牛高价转卖。不仅如此,饭圈内部的无序化消费,也导致直播间出现大量激情下单,甚至标价29999元的防拍商品链接也多次显示"售空"。

粉丝经济强烈的连锁效应犹如一把达摩克利斯之剑高悬头顶。面对日益加剧的饭圈矛盾,《种地吧》制作团队以及全体参演成员都应积极下场引

导。首先，应明确原则红线，借助法律以及一切合法途径，全面杜绝私生行为，保护相关艺人隐私；其次，应成立专门舆论监督小组和对接小组，打通双向互动反馈渠道，及时介入饭圈纠纷，促进问题解决，以稳定民心，营造更好更和谐的传播氛围。

（三）创新：摒弃速成意识，实现自我纠偏

《种地吧》第二季相较第一季口碑略有下降的原因之一就在于，第二季整体剪辑风格和架构逻辑存在速成化嫌疑，导线设计混乱，故事穿插生硬，矛盾刻画具有显著的倾向性，第三方入侵引导的意图明显，与播出伊始"自然""真实"的立意相悖。同时在相关农产品和文创产品的制作与销售方面，《种地吧》以及十个勤天（杭州）农业发展有限责任公司也存在着诸如直播间链接上架混乱、商品标签漏贴、货不对板、商品二次售卖溢价严重等问题。

在节目创新方面，《种地吧》首先要回归"自然频率"，尤其是保证冲突设计的平稳过渡，剪辑风格去碎片化和完整性激活，同时寻找新的切入口，比如以十位少年的第一视角为镜头线索开展新一期节目编排设定，开创新的观看视角，提升观众的具身体验与节目黏性。

《种地吧》以及十个勤天（杭州）农业发展有限责任公司应加强食品安全、商业化管理以及市场管控等方面的意识与工作。在食品安全方面，注重农资投入品的管控，成立食品安全审核小组，严格执行食品加工标准，规范食品加工程序，并建立食品安全追溯体系；在产业链管理和市场管控方面，做到扩大合作范围的同时，不断促进内部商业体制与销售平台的升级与革新，引进高科技管理技术，协助平台运营与社群打造。同时严厉打击"黄牛"群体，完善相关惩戒规定。

《种地吧》基于其既有生存背景，依托政策扶持和社会需求，通过特有的叙事呈现，打通多方传播路径，实现节目价值与社会价值的交融合力，在增进农产品销售、推动文旅产业发展、加速"三农"文化传播方面都发挥着显著的作用，为现代化乡村振兴做出了巨大贡献。作为"田园乡土风"慢综艺，"戏剧性"与"乡土慢节奏"的糅合，使《种地吧》成为快节奏社会的减速带、结构性压力的释放口，承担着大众情感陪伴与满足的功能。

但作为"真人秀慢综艺"的《种地吧》，同样也逃不出综艺节目制作惯有问题，即商业化笼罩下的价值失真，饭圈化滋生的消费主义隐患，以及粗质化生产下的优质内容流失及运营监管不力等。《种地吧》必须从内部框架革新、外部合理引导、强化自我造血以及促进通力合作等多方面改进，为助农题材视听节目的创新提供更强有力的示范与经验。

多重触达：互联网营销时代下品牌 KOS 种草模式

——基于卓越公关的视角

罗宜虹 王 越*

摘 要 本文深入探讨了 KOS（Key Opinion Sales）模式在互联网营销时代的应用及其优势。基于卓越公共关系理论，分析了 KOS 模式如何通过专业、形象和情感三个维度，实现品牌与消费者之间的有效沟通和深度连接。研究发现，KOS 模式满足双向对等沟通原则，通过专业触达传递种草信息，实现品牌商业价值最大化；满足"战略管理"原则，通过形象触达增强消费者与品牌间的关系黏性，为品牌赢得口碑和消费者忠诚度；满足"积极公关"原则，通过情感触达实现消费者与品牌间的情感连接，进一步优化平台生态。未来，KOS 模式有望成为品牌营销和用户互动的重要趋势，为品牌、KOS 和平台带来更加广阔的发展空间和无限的可能。

关键词 公共关系 卓越公关 品牌营销 KOS

互联网营销时代，信息传播的速度和广度前所未有，消费者获取信息的途径更加多元和即时。品牌不再仅仅依赖传统的广告投放和渠道优势，而是通过社交媒体种草、内容营销、搜索引擎优化（SEO，Search Engine Optimization）等手段，实现与消费者的直接对话和互动。从过去以渠道为王的"黄金档抢占"，到 KOL（Key Opinion Leader，关键意见领袖）风暴盛行，再到新兴的 KOC（Key Opinion Consumer，关键意见消费者）"朋友式"

---

* 罗宜虹，湖北大学新闻传播学院副教授、硕士生导师；王越，湖北大学新闻传播学院硕士研究生。

营销出圈，互联网营销的链路和端口也在不断优化中频频发生改变。这些变化反映了市场环境的动态性和消费者行为的迭代性，也对品牌提出了更高的要求，需要它们不断创新营销策略，以适应不断变化的市场需求。

在这样的环境下，新型种草模式——KOS（Key Opinion Sales）的出场成为必然。KOS 即关键意见销售，是指具有专业知识、市场洞察力和影响力的销售人员或行业专家，他们通过分享自己的见解和经验，为消费者提供购买建议，从而在消费者心中建立起信任感，进而促成销售。该模式认识到，在互联网时代，销售转化不仅依赖于品牌自身的宣传，更依赖于那些能够直接影响购买决策的关键个体。KOS 模式的实施有助于构建基于信任的消费者关系，提高品牌忠诚度，同时推动销售转化。通过 KOS 模式，品牌能够在保持诚信和专业的同时，有效地传递价值主张，实现与消费者的共赢，是卓越公关的有效实践。

一 KOS 的理论视角：卓越公共关系

詹姆斯·格鲁尼格的卓越公共关系理论，自 20 世纪 70 年代中期萌芽，至 1985 年在国际商业传播者协会的资助下正式进入深入研究阶段，标志着公共关系学科向更高层次的理论化和科学化迈进。该理论的核心议题——"公关如何、为何，以及在何种程度上影响组织目标的达成"——直接指向了公共关系实践的有效性和战略价值。经过 15 年的严谨探索，格鲁尼格及其团队深入分析了加拿大、英国和美国三国的 327 个组织，通过问卷调查和访谈，收集了大量实证数据，最终在 1992 年发表的《卓越公共关系与传播管理》等三部著作中，全面系统地阐述了卓越公共关系理论。

卓越公共关系理论将策略性管理和双向对等沟通作为核心，不仅提出了公共关系应深度融入组织的战略管理，成为组织权力中心不可分割的一部分，而且强调了公共关系应整合功能，独立于其他管理职能，并由具备战略视野的管理人员领导。此外，该理论倡导采用双向平衡的沟通模式，以建立和维护与公众的长期互信关系，从而在组织和公众之间建立起一种基于相互理解和尊重的良性互动。

格鲁尼格所强调的，不仅是卓越的公共关系对提升组织投资回报率的直接影响,更是其在增强组织的社会责任感和道德标准方面的深远意义。卓越的公共关系被视为组织实现可持续发展、构建良好社会形象,以及在社会中发挥积极作用的关键因素。因此,卓越公共关系理论不仅在学术界获得了高度认可,成为公共关系学科的权威理论之一,而且在公关实践界也产生了广泛而深远的影响,成为指导组织公共关系实践的重要准则。这一理论的提出和发展,为公共关系学科的进步和专业化发展奠定了坚实的基础,同时也为全球范围内的公关实践提供了宝贵的参考和指导。本文正是在卓越公共关系理论视角下,分析品牌 KOS 种草模式在互联网营销时代的优势和价值。

二 专业触达:垂直于特定品类的精英种草

互联网环境赋予了卓越公关新的生机,以去中心化、双向互动、平等对话、赋权个人等为特性的互联网环境与卓越公共关系理论坚持的"双向对等沟通"原则不谋而合,媒介技术更是缩短了公关主体与公众之间的距离。因此在互联网营销时代下,企业或品牌打造卓越公关的核心诉求即推崇平等开放的对话合作。

(一)身份背书:具备"双向对等沟通"的专业知识

KOS 与 KOL 和 KOC 相比最为显著的优势,就是其具备丰富的垂类行业知识储备与过硬的销售技能,这使得 KOS 能够实现对消费者的专业触达,精准提升消费者对该产品或品牌在信息层面的认知,以此获得消费者的信任并进一步达成合作,有效提高种草转化率。参照卓越公共关系的基本原则,公共关系人员应具备战略管理和双向对等沟通的相关专业知识。基于此,KOS 满足了卓越公共关系对公关人员的知识型要求,是某特定品类里的精英种草者。在抖音平台上,不少美妆类 KOS 就是传统线下柜哥柜姐出身;而小红书平台则由于其更青睐人设标签的属性,涌现出一批以某企业销售经理、品牌顾问等身份背书的 KOS。

格鲁尼格认为,公共关系研究的中心问题正是对话和沟通,沟通包含了利益相关人与公众之间"双向"的信息流动,它存在于公共关系"对等"

模式之中，因此这种"双向对等"的形式重要性大于"符号内涵"的意义重要性。尽管 KOS 所具备的垂直类行业知识并不直接与公共关系、战略管理等领域相关联，但当这些被称为"行业内幕"的知识被 KOS 作为一种决策参考信息传达给消费者时，企业或品牌与消费者之间的"双向对等沟通"才成为可能。"精英种草"并不意味着 KOS 在身份上优越于普通消费者，而是指 KOS 具备的专业知识最大限度地降低了信息误差与消费者的试错成本，使"有效认知—获得认可—形成认同—建立合作"的全链路营销路径得以实现，而"合作"也正是卓越公共关系理论的核心价值观。

（二）降维营销：扭转"全民种草"的信任危机

互联网营销时代似乎掀起了一股"全民种草"的浪潮，KOL 在公域攫取流量，KOC 紧接其后在私域撬动关系。然而随着互联网营销红利的见顶、消费者免疫力的不断提高，"全民种草"的专业度和信任度正遭受着冲击。一方面，头部流量早已开始坍塌，流量集中度的下降使 KOL 很难保证在某一领域具有绝对的流量优势；另一方面，KOC 很难达到"真香"的种草效果，这种不具备业内专识和销售能力的消费者测评内容不足以维持粉丝对品牌的留存度、忠诚度，对于品牌后期的长效带动转化率有限。而 KOS 将线下的专业素养带到线上平台展现，这种降维营销使种草既能最大限度呈现"真香"效果，又能够实现其商业价值。听取专业的"行业内幕"显然比依赖普通人的"购物经验"更能赢得消费者的信任，且 KOS 本身具有的销售（Sale）属性弱化了消费者心中对带货、卖货的排斥，种草转化效果大大提升。

在公关实践中，如果用对话建立起信任关系，有利于组织与公众之间达成合作型机制；卓越公关所倡导的"卓越性"也是为了研究用何种传播手段或公关策略才能使组织的有效性发挥最大的效能。[1] KOS 种草模式则在一定程度上暗合了"卓越性"的价值意义，不失为一种卓越公关实践的有益探索，其"精英种草"的对话方式能够实现形式上的双向对等沟通，其专业知识附加销售能力的传播策略也能让企业或品牌拥有更高的用户留存度和更好的种草转化效果。

---

[1] 赵乔乔：《从对话范式探索卓越的危机公关——以美团和饿了么对于骑手困境的回应为例》，《科技传播》2021 年第 12 期。

三 形象触达：服务于品牌生存的战略管理

卓越公关原则认为，公共关系实践的核心是战略管理，公共关系人员要参与到组织的战略管理中。通过参与组织长期战略计划的制定，帮助组织了解其战略公众，确定适合于组织环境的目标和任务。在本文的研究语境中，这种"组织长期战略计划"即可理解为品牌着力打造并长期维持的一种形象，而 KOS 正是通过讲好品牌故事，当好对话桥梁的战略管理行为，让品牌形象以更加丰富灵活的方式触达消费者，并利用消费者的反馈意见不断优化更新、升级再塑这种形象。

（一）品牌新颖的文化叙事

公共关系是一门"展形象"的艺术，业界普遍将 KOS 称为"用 B 端身份讲好 C 端故事"，但事实上"讲好 C 端故事"的本质仍是为了"展示好 B 端形象"。活跃在平台用户视野中的 KOS 不仅是普通的种草者和带货人，更是品牌最贴近消费者的形象代言人。一些围绕"××公司日常 blog""××打工人""××公司 PR 的一天""××品牌经理"等词条的内容创造火遍抖音、小红书平台，证明了 KOS 不仅能种草做销售，还可以通过记录工作日常、展示工作环境的叙事方式阐释公司理念，传递品牌文化。消费者或许会对线下的员工生活好奇，会被日常的场景元素吸引，会被独特的人文体验打动……总之，此时 KOS 的个人形象及其构建的品牌文化叙事场域共同构成了消费者对该企业或品牌的印象。在这类新颖的文化叙事过程中，KOS 作为员工个体参与到了品牌的战略管理中，并成为品牌文化及其价值的载体，为组织长久的转化复购、长期的生存发展服务。

（二）品牌自身的沟通桥梁

有着近 800 万粉丝量的抖音金牌 KOS "骆王宇"在个人首页的简介中写道"私信会看，会根据粉丝需求定制短视频内容"；丝芙兰市场部的"黄小米是短发"尽管只有 1.3 万粉丝，但其也十分珍惜这个能与粉丝对话的窗口：你们的每一个点赞，我都认真地当成喜欢。在外部流量昂贵的互联网营销时代，KOS 无疑是品牌与消费者沟通的最佳桥梁，可通过将自己的线下员工培养成为具有战略管理能力的营销达人,既与消费者建立密切联系,又优化已有的产品服务并拓展新的竞争赛道,使 KOS 真正实现"向上管理"的战略目标。

四 情感触达:优化了平台生态的积极公关

积极公关指的是将积极心理学引入公共关系领域,倡导通过发掘人的积极情绪,解决人的心理问题,从而构建一种健康良好的公关生态。[①] "积极"视角下的公共关系实践则不是将公共关系禁锢在"人情公关""面子公关"的污名下,让企业的公关实践局限在"危机公关""善后处理"的行动中,而是以主动参与、利益分享、价值共创为基本原则,立足于在"常态"情境下打造多元利益相关者之间互惠共赢的积极关系。[②]

(一)真诚的种草模式

KOS 凭借一种真诚的种草模式来发挥积极情绪的作用,这种真诚来源于自身专业性与品牌贴近度的双重加持,通过专注情绪价值增强用户持续交流的意愿,在为平台维护用户黏性的同时,也输送着大量的优质内容创作,不断拉动新用户反哺平台,为平台生态做卓越管理。

传统 KOL 的商业气息浓厚,消费者往往会因其聒噪的直播氛围和浮夸的话术表达对带货行为心生排斥;KOC 虽最贴近普通消费者群体,但在面对具体产品时的内容创作能力欠缺,种草模式千篇一律,消费者难以感受到被用心对待的尊重。KOS 种草模式不再是震破耳膜的"买它"式话术,也不是模板化的经验攻略,而是在不同场景下"慢条斯理"地在镜头前分享个人生活和使用体验。真实可靠的人设、真诚实用的选品、真切自然的人货场的高度统一让消费者获得了良好的种草体验,感受到了人文温度和情绪价值。不仅如此,当 KOS 与平台自身的调性相结合,能够孵化出更加丰富多元的内容生态与商业模式。

[①] 陈先红、侯全平:《积极公共关系:中国公共关系研究的本土化探索》,《新闻大学》2019年第4期。

[②] 李颖异、孙晓翠:《积极公共关系:学术视野、理论旨趣与实践指向》,《新闻大学》2024年第3期。

（二）健康的平台生态

以小红书标榜自由、真实的 UGC 社区生态为例，每一篇"爆款"笔记的流行，不仅是因为其内容的吸引力，更是因为它们背后所蕴含的深刻情绪价值。这些笔记捕捉并表达了用户的情感需求，与用户产生了共鸣，从而激发了他们的消费互动和购买决策。"尊重并理解情绪价值"，这一初心使小红书十多年来收获了 1 亿日活跃用户。KOS 通过构建相关的内容场景，将用户的情绪需求和情感归属与产品紧密结合，延伸了用户的情感体验，为品牌提供了与消费者建立情感联系的机会。同时，随着 KOS 与平台调性的深度融合，可以孵化出更加丰富多元的内容生态和商业模式。随着 KOS 模式的不断发展，小红书有望成为一个更加多元化和个性化的社区生态，为用户提供更丰富、更有价值的内容和服务。

结　语

综上所述，KOS 模式的出现是对传统 KOL 和 KOC 营销策略的重要补充。它强调利用专业知识和市场洞察力，通过个性化推荐和真实体验分享，来吸引和影响目标消费群体。这种模式作为一种卓越公共关系理论的实践，更符合互联网时代消费者获取信息和做出决策的方式，也更能满足消费者对真实性、互动性和个性化的需求。

未来，KOS 模式能否持续成为引爆点，其商业价值能否在实践中得到验证和认可，这不仅取决于品牌对市场趋势的敏锐洞察和策略调整，也依赖于平台对用户体验的持续优化和创新支持。为了实现这一目标，品牌需要深入挖掘用户需求，精心策划内容，与 KOS 建立紧密的合作关系，共同创造有吸引力的品牌故事和情感体验。平台则需要提供强大的技术支持和数据分析工具，帮助 KOS 和品牌更好地理解用户行为，优化种草策略。同时，KOS 自身也需要不断提升专业素养和内容创作能力，以更高质量的内容和更真诚的互动赢得用户的信任和喜爱。通过持续的探索和实践，我们相信 KOS 模式有望成为未来品牌营销和用户互动的重要趋势，为品牌、KOS 和平台带来更加广阔的发展空间和无限的可能性。

·新闻传播教育研究·

五位一体：产教融合下的创新型人才教学体系创新[*]

黎 明 陈江薇[**]

摘 要 全媒体时代，传统的理论体系、教育模式、人才培养策略等面临着重大变革。在深入探讨新闻传播专业的实践教学体系过程中，本文从宏观角度概述了通识教育实践、专业技能实践、复合人才实践、创新创业实践以及校企共建实践这五大实践领域的具体内容，系统阐述了新闻传播专业在实践教学方面培养新时代"双创型"新闻人才的路径。

关键词 五位一体 实践教学 产教融合 新闻传播专业

2015 年《联合国教科文组织新闻教育课程模板》中提到，新闻教育是一种社会实践，其知识和技能具有鲜明的跨学科特性。这一特性决定了新闻传播学在人才培养过程中，必须紧密贴合行业发展的实际需求，与时俱进。随着"全程媒体、全息媒体、全员媒体、全效媒体"的深度融合，高校必须不断深化实践教学改革，提升人才培养质量，为我国新闻传播行业的繁荣发展输送更多高素质的专业人才。

一 五位一体人才教学的模型与内涵

在新闻传播学的教育实践中，五位一体的综合性教学模式深刻体现了课程的多元化、专业化、融合化、创新化以及实践化的精髓，并将这些元素有机融合，从而构建起一套由基础至进阶、由简单至复杂的实践教学

---

[*] 本文系湖北省教研项目"新文科背景下新闻传播专业实践教学体系创新"的阶段性成果。
[**] 黎明，湖北大学新闻传播学院教授、博士生导师、副院长；陈江薇，湖北大学新闻传播学院硕士研究生。

体系。

为顺应时代对新闻传播人才的需求，湖北大学新闻传播学院在"产教融合，校企合作"模式下，重新修订了教学培养方案，构建了以知识、能力、素质为核心的创新型人才培养的实践课程体系，对原有的实践教学内容、教学方法进行了大力改革，突出了新闻传播专业特色，创新了实践教学新模式，凝练了专业特色方向的建设培养目标，确保培养出适应社会需求的新闻传播专业创新型人才。

这一模式强调以专业知识为根基，以创新人才培养为终极目标，致力于培育"一专多能"的新闻传播"双创型"人才，这有助于学生适应复杂多变的社会环境，具备解决实际问题的能力，从而构建了"通识教育实践、专业技能实践、复合人才实践、创新创业实践、校企共建实践"五位一体的多层次实践教学模式，实现新闻传播专业实践教学的创新发展，具体模式如图1所示。

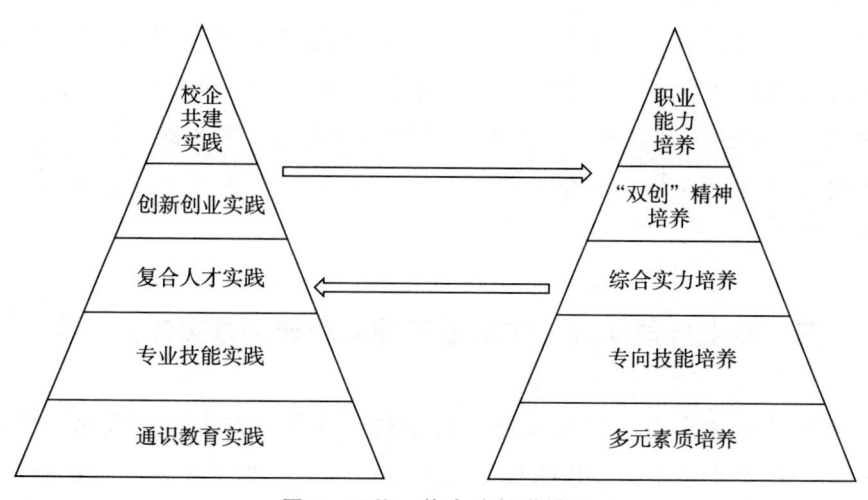

图1 五位一体人才教学模式

具体来讲，通识教育实践是培养"五育并举"的全面发展的社会主义建设者和接班人，进行全方位通识素质教学；专业技能实践是学生在进行专业相关课程的学习过程中所开展的课堂实践教学；复合人才实践是以跨学科协作为导向，以综合性项目任务为驱动进行的实践教学活动；创新创业实践是将新闻传播领域的"双创"元素融入教学，培养"双创型"学生；校企共建实践是以校企合作为根本支撑，实现产教结合模式的实践教学。

五个实践环节各具特色,核心目标都是提高新闻传播专业创新人才实践能力致力于满足学生个人成长、学校教学目标、企业人才需求以及社会整体发展的多重价值诉求,实现教育与实践的深度融合。

二 通识教育实践:探索素质发展,实现"五育"融通

高校在教学中注重全面贯彻通识教育理念,以立德树人为根本,培养学生形成跨专业、可迁移的通识思维方式。湖北大学全面贯彻"五育并举"方针政策,新闻传播学院大一新生在通识教育体系下与其他专业融合,实现"全人教育","全人教育理念的核心在于培养优秀的社会人,即通过课程培养学生的知情意行,让学生学会求知、做人、做事、共处",①进而培育出以"精专"为目标,以"博通"为手段的新时代高质量创新人才。

在课程制定实施方面,通识教育课程注重学生参与和互动,主要以人文艺术、社会科学、自然科学为主体,打造精品劳动教育课程,为不同层次的学生提供了多样化的选择。在人文艺术类课程中开设"京剧与地方戏剧审美""中国艺术之美""古典文学名作导读与审美实践"等类课程的学校越来越多,在社会科学类课程中开设技术、数据类相关课程越来越普遍。

三 专业技能实践:注重项目导向功能,夯实专业技能

新闻传播学作为一门实践导向的学科,其核心在于学以致用。然而,当前高校在人才培养中面临课程结构失衡的问题,理论教学与实践教学失衡。为优化人才培养,需精简课程结构,确保理论与实践、课内与课外实践平衡发展。同时,应加强校企合作,引入行业资源,共同培养具备实践能力和创新精神的新闻传播人才。湖北大学新闻传播学院在优化新闻传播专业课程建设中,开设"新闻采访""电视摄影""电视编辑与创作"等实践类课程。同时,学院对这类课程的功能进行了精准区分,旨在实现理论

---

① 潘镇等:《新文科理念下文科实践教学的探索与创新》,《中国大学教学》2022年第6期。

课程的深入精讲和实践课程的广泛参与。在广播电视节目制作课程实践中，教师创新地采用小组协作模式，模拟不同风格的广播电视节目环境，鼓励学生协作完成多样化的编辑创作任务。此外，学院还利用多媒体技术和智能终端，为学生提供多样化的学习资源和个性化学习方案，进一步拓展和延伸了课内实践教学的内容与形式。

湖北大学新闻传播学院在人才培养方面，秉持"知识—技能—素养"的递进式教育架构，其各专业建设点均在此三维目标上形成了高度统一的表述。在素养层面，学院着重培养学生的政治意识、人文情怀和职业道德。通过系统的思政教育，引导学生树立正确的价值观，塑造高尚的道德品质。以"广告学概论"课程为例，该课程作为新闻传播类专业的基础通识课程，不仅为学生提供了广告学的基本理论知识，更在思政教育方面发挥了重要作用。在知识维度，学生不仅需要深入掌握新闻学基础理论，还需要广泛涉猎人文社科知识，以跨学科视野应对新闻业中复杂多变的实际问题。学院鼓励学生将多学科知识融合运用，以拓宽视野、深化理解。在技能层面，学生需要掌握采编播等专业技能，并具备国际视野和专业的传播表达。此外，学院还对学生提出了"一专多能"的更高要求，包括强化职场适应、有效沟通、团队协作、灵活反应及领导力等多方面的能力，以培养出能够适应未来新闻传播领域复杂挑战的全能人才。总体而言，湖北大学新闻传播学院注重项目实践，以项目为导向，不断提升学生的专业基础能力和实践操作能力，致力于培养出既具备专业知识又拥有高尚品德的新时代新闻传播人才。

四 复合人才实践：学科交叉为落点，培养综合素养

在媒体融合语境下，国内地方高校新闻传播人才的培养从共性上来说，都需要以学科内容建设和课程体系建设为基础，理论与方法并重，融合与交叉兼顾，相互借力而又各有侧重。① 所以，从课程内容和课程体系的建设上实现人才培养的"破界"，才能实现新闻传播人才培养模式的重塑。高

---

① 陈姚：《多重制度逻辑分析：文科实践教学的困境与动力——基于某高校文科实践教学项目转型的实证研究》，《高教探索》2023年第6期。

校应积极培养具有采、写、编、摄、录、网络应用及现代设备操作能力的复合型新闻人才,以适应时代变迁的迫切需求。鉴于业界对跨媒体复合型人才提出的新标准,高校的人才培养理念亟须与时俱进,向更高层次和更宽领域拓展。在人才培养过程中,高校应展现前瞻性思维,将提高学生专业素养作为核心教育目标,并凸显新闻传播专业人才培养的独特性和创新性。

在全媒体时代的背景下,社会数字化、网络化、智能化的发展进一步要求高等教育与新闻传播行业需要共同加快全媒化复合型人才培养模式的创新步伐。湖北大学新闻传播学院打破单一媒体的专业划分和学科界限,推动传媒文化的交叉与交融。具体而言,学院从新闻传播与信息传播、媒介技术与传播艺术、创意传播等学科专业属性入手,合理平衡理论课程与实训课程的比重,既重视理论知识的系统传授,又强调实践技能的培养。同时,学院在新闻传播的教学上,积极引入理工类专业实验室和实践平台的理念,打造与新闻传播专业紧密结合的实践平台,为学生提供更多的实践机会和更广阔的实践空间。湖北大学新闻传播学院在全媒体时代背景下致力于培养"全能型""高素质""复合型"新闻传播人才。学院通过深度优化课程设置,强化实践教学环节,并创新教学模式,旨在激发学生在"新闻+X"领域的创新能力和发展潜力。这一举措不仅提升了学生的专业技能,更锤炼了他们的综合素质,为社会输送了优质的"双创型"新闻传播人才。

五 创新创业实践:探索"教赛创"模式,构建长效机制

新文科建设的核心理念在于创新,具体表现为鼓励学科交叉与融合,以此推动学生跨越传统学科界限进行交流。学生能在这一过程中形成创新意识与思维习惯,进而实现其综合素质、能力的全面发展。创新创业人才的培养无疑对科教融合的推进具有影响深远的价值。以湖北大学新闻传播学院广告系为例,该系在教学过程中巧妙地融入了创新创业的教育理念。通过要求学生进行广告策划,并与合作公司进行实际对接,这种将课堂学习与课外实践紧密结合的教学模式,不仅丰富了学生的实践经验,更在无

形中提升了他们的创新创业能力，为学生未来的职业发展奠定了坚实的基础。这一模式为科技创新和经济发展提供了源源不断的动力。

为了进一步加强学生的创新创业能力，湖北大学还实施了"双导师制"，不仅充分发挥了学习考察和参与各类新媒体平台实践的作用，还特邀了具备丰富创业经验的企业家及杰出校友担任"创业导师"。湖北大学新闻传播学院通过举办创新创业讲座、分享案例及组织新媒体实战训练等活动，与学生深入交流，共同提升学生的创新创业能力和实践技能，从而为学生未来的职业发展奠定坚实基础。此外，通过设置课外创新创业实践实训环节、创新创业导师辅导和创新创业项目支持，两个课堂得以同步协同配合，不断加强学生的创新创业能力培养。

六　校企共建实践：深化产教融合，助力职业规划

党的二十大报告提出"教育、科技、人才是全面建设社会主义现代化国家的基础性、战略性支撑"，[①] 教育、科技、人才一体化发展理念为新时代中国特色社会主义教育事业高质量发展明确了新理念、新思路、新方向和新赛道。在创新发展和技术进步驱动下深化产教融合，是实现"教育链、人才链、产业链、创新链"四链有机衔接的路径。产教融合协同培养中，产教融合是方式，协同培养是机制。融合即模糊不同主体的边界。[②]

产教融合的核心在于学校与企业、媒体、行业组织及政府部门建立实质性合作，通过资源共享、专业共建、价值共创等方式，共同推动专业发展和人才培养。这种合作模式能够确保教育内容与行业需求紧密对接，培养出更符合社会和市场需求的优秀人才。[③] 湖北大学新闻传播学院在此方面进行了积极的探索和实践。学院深化与知名媒体、互联网企业及政府机构的合作，与湖北日报传媒集团、湖北长江广电传媒集团、水利部长江水利

---

① 习近平：《高举中国特色社会主义伟大旗帜为全面建设社会主义现代化国家而团结奋斗：在中国共产党第二十次全国代表大会上的报告》，中国政府网，https://www.gov.cn/xinwen/2022-10/25/content 5721685.htm，检索日期：2024年4月5日。
② 王钰莹、原长弘：《产学研融合促进中小制造企业高质量发展了吗？——中介效应与调节效应分析》，《管理工程学报》2023年第6期。
③ 李媛媛：《"双创"视阈下的校企合作与产教融合》，《山西财经大学学报》2024年第S1期。

委员会、安徽清博大数据科技有限公司等单位和机构建立了长期稳定的合作关系。这也充分展示了校企共建共创课程体系的优势,为新闻传播专业的教育创新提供了有益的借鉴。通过校企合作,高校可以将自身的专业知识和科研成果与企业的实际需求相结合,共同开展科研项目、技术转移和人才培养等活动。这有助于提升高校的科研水平和教学质量,让学生在此过程中找到职业方向和职业目标,同时也为企业提供了创新资源和人才支持。而产教融合是通过将产业需求纳入教育体系中,使教育可以更加贴近实际需求,培养符合产业发展需要的人才。

产教融合作为一种创新的教育模式,不仅为高校学生的培养开辟了全新的路径,同时也极大地激发了企业的创新活力,助力企业构建技术创新的新范式。在高校的学生培养过程中,通过体制和模式的双重创新,极大地提升了科技成果转化的效率。这一模式在人才培养过程中不断跨越组织边界,促进知识、技术和信息的充分互动,[1] 提高学生的创新能力。在国家"围绕产业链部署创新链"的发展战略指引下,企业积极与高校建立紧密的产教融合合作关系。通过这种合作,企业能够助力创新发展和资源共享,进而提高人才成果转化的效率和产业化水平,最终实现融合创新的目标。这不仅有助于提升企业的创新能力和市场竞争力,也为国家的科技进步和产业升级注入了新的活力。

结　语

总之,产教融合是构建高校"双创型"人才培养体系的关键所在。在新闻传播专业实践教学改革中,高校需树立系统思维,从单专业向多学科交叉转变,强化实践教学,构建开放、动态的实践教学体系,以培养新时代"双创型"新闻传播人才。

---

[1] 吕英等:《产学研融合视域下创新型人才培养模式与优化路径——基于双案例的对比研究》,《科技管理研究》2022年第20期。

·会议综述·

湖北大学新闻传播学院办学35周年纪念暨学科发展研讨会综述

刘伊萌[*]

  湖北大学新闻传播学院办学35周年纪念暨学科发展研讨会于2022年12月31日成功召开。来自中国人民大学、中国传媒大学、中国社会科学院新闻与传播研究所、复旦大学、武汉大学、暨南大学等院校和机构的数十位专家学者和校友代表，以线上线下结合的方式，对湖北大学新闻传播学院的学科建设进行细致的评价和指导，并在学科发展方向等方面提出建设性意见和建议。会议深入探讨新闻传播学科的建设与发展，强调学科应紧密对接中国式现代化的实践需求，构建自主知识体系并优化人才培养模式。会议由《中国新闻传播教育年鉴》编委会主任张昆教授主持。

  会议伊始，时任湖北大学副校长钱建国教授对与会专家表示热烈欢迎和衷心感谢。他简要介绍了湖北大学作为省部共建重点综合性大学的办学成就，特别是在人文社会科学领域的显著贡献，展望了未来在学科建设、教学、研究及社会服务等方面的新发展路径。

  时任国务院学位委员会新闻传播学科评议组委员、教育部新闻传播专业教学指导委员会副主任委员、中国人民大学副校长胡百精教授在致辞中祝贺湖北大学新闻传播学院办学35周年以来取得了显著成就。他肯定了湖北大学新闻传播学科的历史底蕴、实力与特色，以及近年来在区域服务、学科建设、人才培养等方面的突破和成果，回顾了两校新闻传播学院间的深厚交往与频繁合作，并期待未来进一步加强学术交流与合作。

  农民日报社专职编委施维、湖北省社会科学院副院长邓为在湖北大学

---

  * 刘伊萌，湖北大学新闻传播学院硕士研究生。

新闻传播学院办学35周年庆典上致辞,她们代表校友表达了对母院的深切敬意与感恩之情。她们强调,面对传媒业变革,新闻教育的责任重大,既要适应新形势,创新报道方式,也要坚守新闻理想与价值。她们祝愿湖北大学新闻教育再创辉煌,激励学弟学妹不忘初心,为祖国的美好未来贡献力量。

湖北大学新闻传播学院院长聂远征教授作汇报发言,他详细介绍了湖北大学新闻传播学科的历史沿革、学院特色、人才培养、学科发展方向及建设成就。他表示,学院近年来在新闻专门史、媒介思想史、荆楚文化资源品牌化、智媒体传播研究等方面形成了自己的核心研究方向,取得了有一定影响的研究成果;学院在学科交叉融合、服务区域社会发展的实践方面也成就斐然。他表示学院将在师资队伍、平台建设及国际交流等方面注重规划,强化措施,以推动新闻传播学科的高质量发展。

中国社会科学院新闻与传播研究所所长、中国社会科学院大学新闻传播学院院长胡正荣教授对湖北大学新闻传播学院办学35周年取得的成就表示祝贺。他指出,新闻传播学科的知识体系与专业建设需经受中国式现代化实践的检验,确保其有效性和适用性。他强调,学科研究、专业建设与人才培养应以中国式现代化实践为导向,旨在培养满足实践需求的人才。他认为,构建基于中国实践需求的自主新闻程序支持,是提升学科价值、助力现代化建设的关键。同时,胡正荣教授还强调了新闻传播学科服务国家战略的重要性,指出学科需不断创新,优化专业设置,以提升人才培养质量,促进学术成果涌现,这一全国性课题对湖北大学等高校具有深远启示。

教育部高等学校新闻传播学类专业教学指导委员会副主任委员、中国新闻史学会副会长、暨南大学党委书记林如鹏教授对湖北大学新闻传播学院办学35周年表示祝贺,他强调在媒介融合和国际化传播背景下,湖北大学新闻传播学院坚守特色,通过学科交叉融合服务区域发展,展现了不俗实力。他提出新闻教育应注重学生能说会写的核心能力培养,并认为传统课程体系如古代汉语、现代汉语等对学生后劲培养至关重要。他建议新闻教育应坚守初心,避免同质化竞争,调整课程体系以适应时代需求,注重学生全面发展。

国务院学位委员会新闻传播学科评议组召集人、中国传媒大学新闻学院院长隋岩教授指出,学院聚焦三个研究方向,集中资源建设专业团队,适应媒介格局演变，满足地方需求，展现湖北地域特色与差异化竞争优势。这些战略将助力学院迈向新高度，并对全国新闻传播教育领域产生积极影响，尤其是与国家自主知识体系及中国式现代化建设紧密结合方面。

国务院学位委员会新闻传播学科评议组召集人、中国社会科学院新闻与传播研究所原所长、中国社会科学院大学特聘教授唐绪军教授高度赞扬了学院在人才培养方面的贡献，并对学生基本素质提出要求，强调立场明确、人文关怀及原则底线的重要性。他认为新闻传播学的学生应具备"说人话、写让人看得懂的文字"的能力，他以《南方周末》新年贺词为例，批评了含糊不清、难以理解的表达，并强调学生应学会清晰、明确地表达观点。最后，唐绪军希望学院能继续打牢基础，培养学生的人文情怀和为社会美好未来奋斗的能力，为新闻业的未来贡献力量。

中国高等教育学会新闻学与传播学专业委员会会长、中国人民大学新闻学院院长周勇教授对湖北大学新闻传播学院办学35周年表示祝贺，对新闻传播学科适应时代需求的发展提出了几点建议。他强调拔尖创新人才培养的重要性，建议在跨学科教育中强化技术训练的同时，坚持立德树人，构建拔尖人才体系。他还提倡开放视野，整合省内外优质课程资源，提升教学质量。此外，他建议开辟第二课堂，结合红色新闻文化基地，增强实践教学。在科研与学科建设上，周勇主张将基础文化研究与国际传播探索融合，特别是利用荆楚文化推动国际传播特色发展，并强调国际传播作为学科增长点的重要性，呼吁加大投入力度以形成独特优势。

国务院学位委员会新闻传播学科评议组成员、教育部高等学校新闻传播学类专业教学指导委员会副主任委员、复旦大学新闻学院院长张涛甫教授表达了对湖北大学新闻传播学科发展的赞扬和肯定。他指出，在全国新闻传播学科百舸争流的环境下，湖北大学能够坚持走自己的学科发展之路，找到精准位置，展现出良好的底蕴。他强调中文背景对新闻传播学科发展的重要性，并认为跨专业训练对学科发展至关重要。

中国新闻史学会会长、教育部人文社会科学重点基地新闻与社会发展研究中心执行主任、中国人民大学新闻学院副院长王润泽教授对湖北大学新闻传播学院办学35周年取得的成就表示祝贺。她介绍了中国人民大学新闻学院的科研组织做法及取得成果的经验，指出学院近年来加强有组织的科研活动，包括在重要科研领域进行重兵部署，梳理和总结老师们在自主知识体系创新方面的论文，承担中观层面的团队创新项目，确定九大研究领域并进行全院科研方向摸底，举办全国新闻传播学科自主知识体系研讨会，取得显著科研产出成果，注重建立科研团队和深研会等机制，以推动学科建设和科研工作的深入发展。

中国传媒大学传播研究院舆论研究所所长雷跃捷教授首先祝贺湖北大学新闻传播学院办学35周年取得的成就。他的致辞主要围绕学科建设、科研目标、人才队伍国际化以及借助资源等方面展开。他强调学科建设应以一流学科为目标，并紧密服务于国家经济社会发展；科研应瞄准一流学院，明确对标方向；人才队伍需具备国际化视野，以培养国际传播能力和构建人类命运共同体的实力；同时地方院校应学会借助一流学科、学院、大学的丰富资源，通过系列讲座等形式，长期坚持，精细地推进学科建设。

国务院学位委员会新闻传播学科评议组成员、华中科技大学新闻与信息传播学院院长张明新教授对湖北大学新闻传播学院办学35周年表示祝贺。他的致辞围绕两点展开：第一，强调立足湖北，充分利用湖北丰富的文化资源，讲好湖北的历史、文化和红色传承故事，向世界传播湖北的魅力；第二，指出地处湖北的人才队伍建设面临的地缘劣势，提出应向内挖潜，打造持续提升的学习型组织，通过不断训练、提升、培训和强化，激发内部潜力，提升教师队伍的国际化视野、理论水平、教学方法和教学质量。

教育部高等学校新闻传播学类专业教学指导委员会副主任委员、武汉大学新闻与传播学院院长强月新教授首先祝贺湖北大学新闻传播学院办学35周年，肯定了湖北大学新闻学科的发展，提出要利用学校资源促进新闻传播学的发展，并指出新闻传播学应涵盖广泛的知识领域；强调需要形成健康向上的文化氛围，通过制度化安排激活教师积极性。同时提出需要加强标志性层面的建设，以提升湖北大学在国内和国际的知名度与影响力。

会议结束阶段，湖北大学新闻传播学院廖声武教授致感谢辞。他表示，新闻传播学院的人才培养、科学研究、学科建设等各项工作所取得的成绩离不开各位专家学者和校友的关心、帮助和支持。此次会议的专家建议及学者智慧为湖北大学新闻传播学科的建设和发展提供了宝贵的指导和强大的支撑，为学科的未来发展指明了方向。

中国近现代新闻团体与社会治理研究学术研讨会综述

余传友*

2023年10月28—29日，由湖北大学新闻传播学院主办，国家社会科学基金重大项目"中国近现代新闻团体资料搜集、整理与研究"课题组、湖北大学媒介研究中心协办的中国近现代新闻团体与社会治理研究学术研讨会在湖北大学召开。近50名来自新闻传播领域的专家学者以线下、线上相结合的方式在研讨会上发言，共同探讨中国近现代新闻团体与社会治理等议题。

10月28日上午8时30分，研讨会开幕式举行。开幕式由湖北大学新闻传播学院副院长黎明教授主持，中国社会科学院新闻与传播研究所原所长、湖南师范大学新闻与传播学院"潇湘学者"特聘教授尹韵公致辞。尹韵公教授对研讨会的召开表示祝贺。他表示，"中国近现代新闻团体资料搜集、整理与研究"对新闻团体参与社会建构和国家治理实践意义重大。他指出，如何在互联网时代下保证史料的真实性，如何准确地评价历史和历史人物，如何避免将个人情绪带入历史研究中这些问题，在当前研究中要引起注意，这样才能使历史研究经得起历史检验。湖北大学新闻传播学院院长聂远征教授致辞，向各位专家表示热烈欢迎，并介绍了学院发展情况。他说，学院非常重视学科建设和科研创新能力提升，组建了近现代新闻团体研究学术团队，在近现代新闻团体、马克思主义在中国早期传播等方面积累了丰富的学术成果。希望与各位专家加强交流合作，为课题研究和学院发展注入新的动力。

---

* 余传友，湖北大学新闻传播学院博士研究生。

开幕式之后，研讨会由湖北大学新闻传播学院副院长张帆教授主持。来自国内知名高校的学者和业内专家分享了自己最新的研究成果，发言既有理论阐述，也有历史梳理、个案解读，实现了对研讨会主题的深入探讨，在交流与对话中碰撞出思想的火花。

中国新闻史学会副会长、教育部"长江学者"特聘教授、国务院学位委员会新闻传播学科评议组成员、武汉大学新闻与传播学院单波教授以"新闻文化的可比性悖论与可能路径：基于'批判地区主义'的视角"为题发言。他从比较新闻学的视角出发，对新闻文化的地方性与跨文化比较研究做出细致梳理与考察，认为可从"机构角色扮演的角色""不预设西方新闻理念和实践更好更专业""多个维度观察文化的混杂性"三个方面认识新闻文化。在伦理意识形态方面，非西方新闻工作者更重视情境因素，也就是更重视关系因素。他进一步阐述地区性新闻文化比较研究，如性别与新闻文化、语言与新闻文化、国家内部的新闻文化等，提出交往情境中新闻文化比较的可能性，用情境因素来理解地方性知识，如新闻文化的旅行路径和新闻文化的混杂性路径。

中国新闻史学会会长、教育部"长江学者"特聘教授、中国人民大学新闻学院副院长王润泽教授在河北吕梁山通过线上以"中国当代主流记者心灵史研究"为题发言。她聚焦主流媒体优秀记者的实践感悟和职业总结，对中国当代主流记者心灵史进行研究，在对老一代新闻记者和新一代新闻记者（新中国成立之后从事新闻工作的人）深度访谈后，发现大部分受访者将新闻职业价值与个人价值进行融合。她进一步指出，如果西方是把自由、真实客观摆在前面的话，我们中国的新闻行业是把沟通、共识教化这种中国特有的文化底蕴的价值观放在前面。

中国新闻史学会秘书长、中国人民大学新闻学院邓绍根教授将视角聚焦于解放区新闻团体，以"中国解放区新闻记者联合会研究初探"为题发言。他通过对史料的梳理，详细阐述了中国解放区记者联合会的发展史，认为解放区新闻记者联合会仍然是一个有待开发的领域，具有广阔的学术空间。

湖北日报社原总编辑、湖北省记协原副会长、湖北大学特聘教授蔡华东以"新闻团体为社会治理装上'智慧大脑'实践举凡"为题发言。他以

《湖北日报》和湖北省记协的工作为切入点，阐述了新闻队伍在参与社会治理中的实践活动与成效，如《湖北日报》的"中三角报道"、典型人物张富清的报道、湖北支援新疆的报道、"千湖之省"和"荆楚百川"的报道等，有意识地推动社会进步。他通过对大量案例的剖析，对媒体参与社会治理做出实证性研究，实现了理论与实务的融合。

暨南大学新闻与传播学院赵建国教授在广州通过线上以"战后初期新闻界对'九一'记者节的纪念：以各报'记者节特刊'为中心"为题发言。他在大量史料中梳理新闻界对新闻职业与政治的关系，重构记者节与自由的内在联系，试图重塑记者职业的形象，并从"社会责任理论""重视新闻传播技术，强调学习国外先进经验""彻底改造新闻事业"等方面重新诠释记者节的意义。他指出记者节是新闻界独特的集体记忆和行业记忆，它已经由"职业节日"转向"政治节日"，由此构建节日的政治想象以及"想象的职业共同体"。

重庆大学新闻学院教授、抗战新闻传播史研究中心主任齐辉立足新闻团体和中国报纸展览会的内在互动关系，作了题为"中国近代报纸展览会与新闻界的自我推介"的发言。他以近代报纸展览会为研究对象，从史料入手，探讨了民国时期中国新闻界热衷于举办报展的原因，近代报展对中国新闻业乃至社会公众产生的影响。他认为，报展所陈列的新闻史料和报业实物，无疑已塑造了一种"记忆之场"，它使新闻业的知识和产品不再让公众感到陌生，成为保存和展示媒介记忆的装置。这一观点为新闻记者自身的职业认同提供了宝贵资源。

湖北大学徐信华教授以"商务印书馆与马克思主义在中国的早期传播"为题的发言，从个案分析视角对商务印书馆出版发行的马克思主义著作进行系统整理与分析。在此基础上，他对如何认识商务印书馆在马克思主义早期传播过程中的地位与作用这一问题进行探讨，理性地阐释了中国早期新闻媒介的文化意义和媒介力量。

中国新闻史学会党报党刊专业委员会秘书长、南昌大学新闻与传播学院余玉教授以"清末民初新闻团体争取言论自由的演变历程考察"为题发言。他在新闻史料的基础上，对我国新闻团体言论自由意识的演变进行考察，并以辛亥革命和五四运动为分界点，将其分为萌芽与发展、回归与往复、自觉与挫折三个阶段,试图探寻新闻团体争取言论自由的历史轨迹。他认为,在清末民初时期,我国新闻团体已成为新闻界争取言论自由和维护言论自由的一支重要力量,为我国新闻界扩大言论自由空间付出了巨大努力。他还指出,在清末民初,新闻界总摆脱不了循环率的羁绊,报界几度兴衰,新闻团体对言论自由的抗争也随之跌宕起伏。

湖北大学新闻传播学院杨翠芳教授以"从'青记'到'记协':历时性维度下中国青年记者学会社会功能的演变"为题,论述了中国青年新闻记者学会在不同发展阶段承担着不同社会功能:从筹备前夕新闻界的"自我教育、检讨行业风纪、政治转向",到抗战中"青记"的"文化抗战、巩固和扩大抗日民族统一战线、推动新闻教育、增强新闻界的团结、丰富战时新闻学理论、保障记者权益",再到新中国成立后中国"记协"延续"青记"优良传统,建立健全新闻工作者权益保障机制、加强行业自律、推进新闻人才队伍建设、开展国际外交工作,在社会治理方面发挥着积极作用。

华中师范大学新闻传播学院张继木副教授以"在敌人心脏战斗——东京《留东新闻》的抗日行动分析"为题发言。他从刊物背景、抗日路线与向左翼靠拢等方面系统性阐述了《留东新闻》及其社会活动,认为《留东新闻》最大的特色是走左翼抗日路线。

江西科技师范大学文学院教师郑永涛以"新闻社会学视域下清末民初新闻团体参与社会治理实践与思考"为题,从新闻社会学的视角,分析了民国时期新闻团体在参与社会治理方面发挥的具体功能及其产生的社会影响。他指出,民国时期新闻团体参与社会治理的实践形式主要有报人参政、引导舆论、领导社会活动、参与公共事务等。他认为,民国时期中国新闻团体的组建、新闻记者的组织化,深深地打上了"政治推进"的烙印,新闻团体成为社会治理多元主体的有机组成部分,报人的地位也由边缘走向中心。

湖北经济学院新闻与传播学院教师谈海亮作题为"民国新闻团体在报人日常生活中的实践与价值初探"的分享。他从民国新闻团体的日常生活实践视角切入,提出新闻行业具有不同于其他职业的强社交属性,在民国时期又属于新兴自由职业,生活层面的同行人际交往对于报人具有拓展人脉、互通信息的特殊重要意义。他认为,对民国时期新闻团体生活史的研究具有重要历史价值和现实意义，有助于推动中国新闻事业发展。

研讨会闭幕式由湖北大学新闻传播学院党委副书记李瑶曦主持。闭幕式上，课题组首席专家、湖北大学新闻传播学院教授廖声武感谢到会专家们分享自己最新的研究成果，表示大家提供的新思考路径具有重大的前沿研究价值，对深入研究新闻团体与社会治理具有重要启发意义。

中国近现代新闻团体与社会治理研究学术研讨会响应了深入推进国家治理体系和治理能力现代化的政策面向，融合了新闻理论与研究方法等多元视角，探析了近现代新闻团体参与社会治理的模式与路径，为今后建立自主自律的新闻职业共同体提供历史资源和理论支撑。

Research on Culture and Communication

Vol. 3
January 2025

Abstracts

Research on Public Opinion Studies

The Scientific Construction Path of Journalism and Public Opinion with Chinese Characteristics

Wang Canfa / 1

Abstract: Xi Jinping's important exposition leads to the theoretical construction of news public opinion with Chinese characteristics. Xi Jinping's important remarks on the work of the press and public opinion follow the dialectical materialism and historical materialism world outlook and methodology, closely combining the basic principles of Marxism with the current practice of Chinese press and public opinion work, inheriting and carrying forward the fine tradition of the news and public opinion work of the Communist Party of China, this paper systematically and scientifically expounds the basic principles and operating rules of the news and public opinion work, this paper expounds the duty and mission of the socialist news and public opinion work with Chinese characteristics under the leadership of the party, and provides abundant ideological resources and scientific world outlook and methodology for the construction of the theory of news and public opinion with Chinese characteristics, it expands the subject system, discourse system and academic system of the science of news and public opinion with Chinese characteristics, and points out the direction for the scientific construction of the science of news and public opinion with Chinese characteristics.

Keywords: News Public Opinion Work; Xi Jinping's Important Exposition of the Work of News and Public Opinion; Socialist Journalism and Public Opinion with Chinese Characteristics

Globalization, Regionality, and Modernization: Exploration of Chinese Journalism and Public Opinion History under the Great Changes of the Times

Wang Tiangen / 7

Abstract: The historical trajectory and regularity of the news industry in "modern China" cannot be separated from the historical context and experience summary. The exploration of news and public opinion history focuses on the relationship between text and social context, involving the local consciousness and national perspective of newspapers, and shifts to exploring the relationship between regional, national, global, and even globalization. In the process of reconstructing the relationship between the state and society, the important role of the media is to shape national identity, which is an important continuation of the patriotic tradition. From the old democratic revolution to the new democratic revolution, from old China to new China, it involves the important role of the media in national identity. From this perspective, the interaction between political and media issues, as well as the interaction between political and media agendas, should provide more space for exploring the theory of modern China.

Keywords: History of News and Public Opinion; Globalization; Regionality; Modernization

Research on International Communication

Internal and External Linkage: Frontier External Communication from the Perspective of Two "Communities"

Liu Xiaocheng; Shen Qi / 18

Abstract: The thought of Two "Communities" is the latest achievement of the Sinicization of Marxist national theory. The practice of frontier external communication in frontier area should be guided by the idea of Two "Communities", adhered to internal and external interaction, and fully integrated the five discourse systems comprehensively. It contains local cultural discourse, official policy discourse, media reporting discourse, public diplomacy discourse, and international competitive discourse. Frontier external communication in frontier area should implement strategy of two-way communication, pluralistic dialogue, and harmonious coexistence, so as to make greater contributions to the economic and social development in frontier area.

Keywords: Two "Communities"; Frontier; External Communication; Discourse system

Research on Media Culture

On Mediated Psychological Assistance from the Perspective of Emotional Governance

Guo Xiaoping; Wan Jingjing / 27

Abstract: Mediated psychological assistance provides a psychological perspective for the management of individual emotions, group psychology, and social mentality in major sudden risk events. In the era of new media, emotional governance has become an important dimension of social risk management. The evolution of media such as hotlines, radio and television, social media, and AI robots provides new technological availability for psychological first aid, psychological intervention, psychological reconstruction, and risk communication in crisis events. Mediated psychological assistance is an important supplement to the insufficient or missing face-to-face psychological counseling, building a psychological support network for risk society, enhancing social resilience in coping with psychological crises, and promoting the improvement of the national emergency communication system.

Keywords: Psychological Assistance; Mediatization; Emotional Governance; Artificial Intelligence

Research on the Emotional State and Governance Characteristics of Sports Events from the Perspective of Media Classification
——Taking the Weibo Public Opinion Field of the Chinese Women's Volleyball Team for the Tokyo Olympics as an Example

Zhang Fan; Liu Zhijie / 38

Abstract: This article takes the emotional expressions of Chinese women's volleyball team on Weibo before, during, and after the Tokyo Olympics as the starting point, focusing on the differences in the attributes of communication subjects, and analyzing the emotional governance effects of news media, professional media, opinion leaders, and other media outlets in the Weibo public opinion field. From the perspective of media classification, fine-grained sentiment analysis is used for sentiment classification and social network analysis. The LDA topic model is used to divide attribution themes, and hierarchical attribution is used to explore the sources of netizens' emotions. The emotional changes of Chinese netizens on social media platforms during the transition period, warm-up period, climax period, and calm period of major sports hot events are depicted in detail. The purpose of this study is to show the characteristics of emotional governance of various media in social network platforms, evaluate the effect of emotional governance, and provide a feasible path for the research and development of Internet emotional governance of major sports hot events.

Keywords: Chinese Women's Volleyball Team; Weibo Blogger; Emotional Governance; Media Classification

Research on the Changes of Global Cultural Landscape in the Olympic Promotional Videos (2008-2024)

Hu Jie; Wang Xiaoman / 58

Abstract: Based on the perspective of global cultural landscape theory, this paper adopts the content analysis method to examine the characteristics of global cultural landscape in the Olympic promotional videos from 2008 to 2024. The results show that the promotional videos for the Beijing Olympic Games and the Paris Olympic Games attach importance to the presentation of the ideological landscape, with the former highlighting the excellent traditional Chinese culture, and the latter widely disseminating the literature, art and humanities; the promotional videos for the Rio Olympic Games and the Tokyo Olympic Games enhance the presentation of the ethnicity landscape, but the former mostly shows the diversified ethnic cultures, and the latter focuses on telling the colourful folk stories; the promotional video for the London Olympic Games focuses on the financial landscape as a testament to its status as an international financial centre. On the whole, the proportion of cultural landscapes fluctuates greatly, with ethnic landscapes and ideological landscapes accounting for a higher proportion, followed by financial landscapes, media landscapes and technological landscapes, reflecting the fact that the diversity of global cultures and the uniqueness of the host country's cultures have always been the most prominent features of the global cultural landscapes. The local globalization landscape is more predominant than the global localization landscape, with the latter being reflected in the ideological landscapes, while the former is mostly presented as a part of the ideological landscapes. This paper discusses communication strategies and cultural integration to provide reference for the development of high-quality Olympic communication and the production of promotional videos for major global sports events.

Keywords: Olympic Promotional Video; Global Cultural Landscape; Sports Communication

A Study on the Spread of Memes from the Perspective of Youth Subculture
—Taking the Loopy Series of Memes as an Example

He Shuang; Zhang Xiaotong / 71

Abstract: Taking youth subculture as the theoretical cornerstone, this paper deeply analyzes the transmission mechanism of Loopy series emojis and their characteristics of youth subculture. Through the comprehensive use of Internet field observation and in-depth interview, this study discusses the communication process and cultural connotation of emojis. The study found that the emojis represented by the loop series were widely spread among the youth group, effectively shaping the sense of identity and belonging of the group, and providing a new way of emotional catharsis and cultural expression for the younger generation. However, in the process of dissemination, the loop emoji labeled as "strange" not only forms a certain digestion effect on the traditional mainstream expression mode, but also brings a certain impact on the formation of mainstream values. This digestion and shock reflects the tension and conflict between the youth subculture and the mainstream culture, and also shows the complexity and diversity of the youth group in the process of seeking self-identity and cultural expression.

Keywords: Youth Subculture; Loopy Series of Memes; Communication Mechanism; Practice Motivation

Abstracts

Research on New Media Communication
Respond to the Spread of Intelligence in a More Intelligent Way

Li Jianxin / 83

Abstract: It is an indisputable fact that human beings have stepped into an intelligent society and are also facing the challenge of artificial intelligence. Intelligence is essentially "human" science, and its essence is adaptive interaction; communication refers to the purposeful transmission of information between two independent systems using certain media and channels. Intelligent communication analyzes the related issues of intelligent communication from three aspects: Responding to the "invasion" of artificial intelligence, responding to the transmutation of the communication environment with the timely change of communicators, and accurate, in-depth and detailed editorial concept, and outlines a beautiful vision of academic research, inheritance, development and prosperity.

Keywords: Intelligence; Communication; Algorithm; Interconnection; News

The Production and Operation Path of High-Quality Audio Products in the Era of Digital Publishing
—Taking Himalaya FM's "Quasar Theater" as an Example

Yang Cuifang; Zhang Yiqian / 94

Abstract: "The 14th Five-Year Plan" of the publishing industry has put forward new goals and requirements for the development of digital publishing. As an important part of digital publishing, the audiobook is faced with the new goal of creating high-quality products and realizing integrated development. The paper takes Himalaya FM "Quasar Theater" column as an example, examines the production and operation path of its high-quality audiobook products, and finds that the column adheres to the "content is king" and boutique production, strictly controls the quality of each process, and pays attention to the later stage of promotion and marketing. The experience of this program can provide some reference suggestions for the development of audio products.

Keywords: "The 14th Five-Year Plan"; Digital Publishing; Audio Products; Himalaya FM

Internet Use and Risk Response in Adolescents: Family Interaction as a Research Method

Chai Qiaoxia / 107

Abstract: With the popularization of teenagers' Internet behaviors, various network risks come unexpectedly, which provides a new research object for communication studies. Professor Zhu Xiuling's book *Research on Prevention and Guidance of Internet Risks for Adolescents from the Perspective of Family Communication* focuses on the interaction within the family, and it systematically examines the Internet content risks, communication risks and behavioral risks encountered by the adolescents, and answers the questions about the face of Internet risks from three aspects, parents' example demonstration, family communication mode choice, and parents' intervention. There should be a good communication and exchange mechanism within the family. The book also proposes that family communication patterns are significantly related to adolescents' Internet risks, and children who grow up in a family environment with poor or defected parent-child relationship are more likely to encounter Internet risks. Appropriately improving family communication patterns, establishing trust, respecting teenagers' Internet usage habits, and communicating with children in a democratic and equal way will help children to cope with Internet risks, and they are more likely to talk to parents and ask for their help.

Keywords: Family Communication; Internet Risks for Adolescents; Parental Intervention

Understanding "Social Phobia": The Media Cause of Generation Z Youth Social Predicament and Behavior Counseling

Liu Han; Wu Xinying / 115

Abstract: In the current context of deep mediatization, the social perspectives, socio-psychological mentalities, and behavioral patterns of Generation Z Youth are undergoing subtle changes. The internet slang term "social phobia" has become a self-protective label for Generation Z Youth facing rapid shifts in social interactions. This can be attributed to the "mediatized" social paradigm, in which the new spatial concept of "cloud interaction" weakens the emotional connections in face-to-face interactions, the form of interaction through "virtual identities" exacerbates real-life identity anxieties, and the path of "personalized social interaction" diminishes the emphasis on real-world interactions. These changes represent significant factors leading to Generation Z Youth falling into a state of "social phobia". "Social phobia" is a dynamic manifestation of contemporary youth's complex daily interactions. It requires multidimensional analysis from aspects of individual youths themselves, media technology, and social scenes to understand its pain points and provide corresponding behavioral guidance, thus alleviating the spiritual predicament faced by Generation Z Youth.

Keywords: Generation Z Youth; Social Phobia; Mediatized Social Interaction

Analysis of the Innovative Strategies of the Variety Program "Let's Farm the Land"

Zhang Xuan; Wang Chenxi / 127

Abstract: With the comprehensive promotion and implementation of the rural revitalization strategy, agricultural assistance programs have become a new outlet and a new track for the audio-visual industry. At the beginning of 2023, the documentary interactive reality show "Let's Farm the Land", produced by iQiyi and Blue Sky Media, and jointly produced by Haixi Media and Yaowang Technology, will be broadcast. The show is backed by iQIYI's strong financial media advantages, and externally through Unicom's "Taiwan Network Interaction", it creates a multi-media communication matrix of "long video + short video + live broadcast", and internally carries out deep cultivation and innovation of the program's macro value system and micro content details, realizing the first phenomenon-level explosion of farming-themed variety shows. This paper mainly describes the innovative advantages of the program "Let's Farm the Land" from three aspects: The production process at the micro level, the communication and operation at the meso level, and the social value embodiment at the macro level. From the three aspects of cultural commercialization, audience fan circle and content expeditiousness, we can get a glimpse of the development dilemma and the way out of the "Let's Farm the Land" program, and provide a development strategy for the overall optimization of agricultural variety shows.

Keywords: "Let's Farm the Land"; Rural Revitalization; Variety Show to Help Farmers

Multi Touch: KOS Grass Planting Mode of Brand in the Internet Marketing Era
—From the Perspective of Excellent Public Relations

Luo Yihong; Wang Yue / 135

Abstract: This study thoroughly explores the application of KOS (Key Opinion Sales) model and its advantages in the Internet marketing era. Based on the theory of excellence in public relations, it analyzes how the KOS model realizes effective communication and deep connection between brands and consumers through the three dimensions of professionalism, image and emotion. It is found that the KOS model satisfies the principle of two-way reciprocal communication, maximizing the commercial value of the brand by delivering the seeding information through professional touch; satisfies the principle of "strategic management", enhancing the relationship between consumers and the brand through image touch, and earning the brand's reputation and loyalty; and satisfies the principle of "positive public relations", which is the most effective way of communicating with consumers. The KOS model is expected to be the future of KOS, and it is also expected to be the future of KOS. In the future, KOS model is expected to become an important trend in brand marketing and user interaction, bringing broader development space and unlimited possibilities for brands, KOS and platforms.

Keywords: Public Relations; Excellent Public Relations; Brand Marketing; KOS

Research on Journalism and Communication Education
Five-in-one: The Innovation of Innovative Talents Teaching System under the Integration of Industry and Education

Li Ming; Chen Jiangwei / 142

Abstract: In the era of all-media, the traditional theoretical system, educational model and talent training strategy are facing great changes. In the process of in-depth exploration of the practical teaching system of journalism and communication major, this paper summarizes the five-in-one practical teaching model and its intrinsic meaning from a macro perspective, and details the specific contents of five practical fields, namely general education practice, professional performance practice, composite talent practice, innovation and entrepreneurship practice, and school-enterprise co-construction practice. This paper systematically expounds the innovative path of journalism and communication major in practice teaching.

Keywords: Five-in-one; Practical Teaching; Innovative Path; Journalism and Communication Major

Summaries of meetings

Summary of the 35th Anniversary Commemoration and Discipline Development Seminar of the School of Journalism and Communication at Hubei university

Liu Yimeng / 149

Summary of the Academic Seminar on Chinese Modern News Groups and Social Governance Research

Yu Chuanyou / 153

Contributions of *Research on Culture and Communication* / 168

《文化与传播研究》征稿启事

　　《文化与传播研究》是湖北大学新闻传播学院主办的学术集刊，以马克思主义新闻观为指导，关注国内外新闻传播的重大理论与实践问题，追求多元的学术思想和高质量的学术品位，同时关注当下传媒面临的新问题、新挑战，展望当代传媒发展的新趋势。主要栏目有：荆楚新闻传播、新媒体传播、政治传播、媒介融合与发展、媒介文化、媒介伦理、社群传播以及环境、健康、食品安全等重要社会议题的传播研究。

　　本刊每年定期公开出版。现面向新闻传播学界以及相关人文社会科学研究者征稿。凡探讨新闻或传播问题而未经发表的学术论文，均欢迎投稿。稿件字数5000—15000字，本征稿启事常年有效。

　　投稿地址：whycbyj@ hubu.edu.cn，收件人：罗宜虹老师。为提高工作效率，来稿请注明"文化与传播研究投稿"。

　　一　投稿须知

1. 来稿体裁包括研究论文和书评文章。

2. 论文必须是原创性研究；书评文章宜以当年国内外重要学术著作为评论对象，以5000—15000字为限。

3. 作者务必按本刊的论文体例写作投稿。（详见下文格式规范）

4. 来稿一经录用，本刊即享有刊登和出版的权利。作者不得再把作品投稿至其他出版物。

5. 本刊编辑委员会对论文刊登与否有最终决定权。本刊不设退稿服务，请作者自行保留底稿。

二 来稿格式规范

1. 论文封面（首页）

（1）根据匿名评审的要求，有关作者的所有信息只能出现在论文的封面中。封面需注明论文题目和所有作者的姓名、最高学历、任职机构、职称、主要研究方向、联络地址、电话、传真、电邮等。请确保所提供信息的准确性，以便能接收样书。

（2）获得研究基金资助的论文应以"［基金项目］"作为标识注明项目名称，并在圆括号内注明项目编号。基金项目排在作者简介之后。

2. 摘要（第2页）

摘要包括中文摘要、英文摘要、中英文关键词等。中文摘要以300字为限，应包括研究问题、目的、方法、发现等。英文摘要以450字为限，应包括研究问题、目的、方法、发现等。中英文关键词各不超过5个。

3. 正文

（1）子目

标题位置：置中，用黑体字。子题位置：靠左对齐。

次级子题位置：靠左对齐，以阿拉伯数字（1、2、3……）标示。

（2）段落

每段首行空两格（即第三个字位）。段落之间空一行。正文字体4号宋体，行距1.5倍。

（3）标点

标点须全角输入。使用中式标点符号：""为平常引号；''为第二级引号（即引号内之引号）；《》用于书籍及篇章标题，如《新闻学研究》。

（4）数字

一般数字（如日期、页码、注释号码、百分比等）采用阿拉伯数字。标题中的数字图表号码、中国传统历法日期等采用汉字数字书写。

（5）引文

①直接引述，须加引号，并用页下注注明引文出处。

②引文较长，可独立成段，无须引号，但每行要空出四格，上下各空一行，并在适当位置注明引文出处。

③间接引述，须标明出处。

④引文有多个出处,一般以出版年份排列,并以逗号分隔。

(6) 翻译

征引外国人名、外文书籍、专门词汇等,可沿用原名。若采用译名,则须在正文首次出现处,附上外文原名于括号内。

(7) 注释

①注释使用页下注形式。正文注释用阿拉伯数字编号,如①、②、③……,置于标号符号后的右上角。

②注释内引文形式与正文同。

③中文作者(或编者)用全名,英文作者(或编者)名在前,姓在后。

④文献数据一般包括作者姓名、出版时间、标题、卷/期数、页数、出版地、出版社等。

⑤范例

a. 期刊论文

例1:祝建华:《中文传播研究之理论化与本土化:以受众及媒介效果整合理论为例》,《新闻学研究》2001年第68期,第1—22页。

例2:Y. H. Huang, "The Personal Influence Model and Gao Guanxi in Taiwan Chinese Public Relations," *Public Relations Review*, 26, 2000, pp. 216-239.

例3:(作者多于一位)J. E. Grunig, L. A. Grunig, K. Sriramesh, Y. H. Huang & A. Lyra, "Models of Public Relations in an International Setting," *Journal of Public Relations Research*, 7 (3), 1995, pp. 163-187.

b. 研讨会论文

例1:徐美苓:《新闻乎?广告乎?医疗风险信息的媒体再现与伦理》,"中华传播学会2004年学术研讨会"论文,澳门,2004年7月。

例2:B. Peng, "Voter Cynicism, Perception of Media Negativism and Voting Behavior in Taiwan's 2001 Election," Paper presented at 2003 International Communication Association Annual Conference, San Diego, 2003, May.

c. 书籍

例1:雷跃捷:《新闻理论》,中国传媒大学出版社,1997。

例2:单波等编《新闻传播学的跨文化转向》,上海交通大学出版社,2011。

例3：国务院研究室课题组：《中国农民工调研报告》，中国言实出版社，2006。

例4：J. E. Grunig, & T. Hunt, *Managing Public Relation*, Holt, Rinehart & Winston, 1984.

例5：（文集）B. H. Sheppard, M. H. Bazerman, & R. J. Lewicki（Eds.）, *Research on Negotiation in Organizations*, JAI Press, 1990.

d. 文集篇章

例1：汪琪：《全球化与文化产品的混杂化》，载郭镇之编《全球化与文化间传播》，北京广播学院出版社，2004，第240—254页。

例2：J. E. Grunig, "Communication, Public Relations, and Effective Organizations: An Overview of the Book," In J. E. Grunig（Ed.）, *Excellence in Public Relations and Communication Management*, Lawrence Erlbaum Associates, 1992, pp. 1-30.

e. 译著

例1：〔美〕约瑟夫·斯特劳巴哈、罗伯特·拉罗斯：《今日媒介：信息时代的传播媒介》，熊澄宇等译，清华大学出版社，2002。

例2：P. -S. Laplace, *A Philosophical Essay on Probabilities*, F. W. Truscott & F. L. Emory, Trans., Dover（Original Work Published 1814）, 1951.

f. 学位论文

例1：李艳红：《弱势社群的公共表达——当代中国市场化条件下的城市报业与"农民工"》，博士学位论文，香港中文大学，2004。

例2：D. E. Wilfley, "Interpersonal Analyses of Bulimia: Normal-weight and Obese," Unpublished Doctoral Dissertation, University of Missouri, 1989.

g. 报纸

例1：林鹤玲：《媒体如何摆脱政治纠葛？》，《中国时报》2001年10月30日，第15版。

例2：J. Schwartz, "Obesity Affects Economic, Social Status," *The Washington Post*, 1993, September 30, pp. A1, A4.

h. 网上文章/文件

例1：胡正荣：《后WTO时代我国媒介产业重组及其资本化结果》，中华传媒网，http:∥academic. mediachina. net/article. php？id = 5149，检索日期：2010 年 2 月 14 日。

例 2：《人民日报》：《人民日报基本情况》，人民网，http:∥www. people. com. cn/GB/21596/1842027. html，检索日期：2010 年 12 月 20 日。

例 3：D. Barboza, "China Passes Japan as Second-Largest Economy," NY Times, http:∥www. nytimes. com/2010/08/16/business/global/16yuan. html？_r=1, Retrieved August 16, 2010.

i. 其他范例请参考最新一辑正文。

（8）图表

①标题置于表格上方、图片下方，注记置于下方。

②图表置于文中适当位置，超过一页者一般附录于参考文献之后。

湖北大学《文化与传播研究》编辑部

图书在版编目(CIP)数据

文化与传播研究.总第3辑/聂远征主编.--北京：社会科学文献出版社，2025.1.--ISBN 978-7-5228-4661-3

Ⅰ.G0

中国国家版本馆 CIP 数据核字第 2025EM2820 号

文化与传播研究 （总第 3 辑）

主　　编 / 聂远征
执行主编 / 廖声武　罗宜虹

出 版 人 / 冀祥德
责任编辑 / 周　琼
文稿编辑 / 梅怡萍　孙玉铖　卢　玥
责任印制 / 王京美

| 出　　版 / 社会科学文献出版社（010）59367126
|　　　　　　地址：北京市北三环中路甲29号院华龙大厦　邮编：100029
|　　　　　　网址：www.ssap.com.cn
| 发　　行 / 社会科学文献出版社（010）59367028
| 印　　装 / 三河市东方印刷有限公司
|
| 规　　格 / 开　本：787mm×1092mm　1/16
|　　　　　　印　张：11　字　数：175 千字
| 版　　次 / 2025 年 1 月第 1 版　2025 年 1 月第 1 次印刷
| 书　　号 / ISBN 978-7-5228-4661-3
| 定　　价 / 85.00 元

读者服务电话：4008918866

版权所有 翻印必究